lingüística
y
teoría literaria

LA MIRADA DE PARIS
Ensayos de crítica y poesía

por

JORDI JULIÀ

Premio Internacional de Ensayo 2003

siglo veintiuno editores, s.a. de c.v.
CERRO DEL AGUA 248, DELEGACIÓN COYOACÁN, 04310, MÉXICO, D.F.

siglo xxi editores, argentina, s.a.
TUCUMÁN 1621, 7 N, C1050AAG, BUENOS AIRES, ARGENTINA

portada de patricia reyes baca

primera edición, 2004

isbn 968-23-2543-9

impreso y hecho en méxico

La Universidad Autónoma de Sinaloa, El Colegio de Sinaloa y Siglo XXI Editores decidieron convocar a un Premio Internacional de Ensayo cuya primera edición se hizo pública a mediados de 2003. La convocatoria fue respondida por un gran número de escritores e investigadores hispanoamericanos de entre los cuales el jurado, integrado por Federico Álvarez, Horacio Cerrutti y Diego Valadés, seleccionó, por unanimidad, el volumen que el lector tiene en sus manos. Siglo XXI se congratula de este inicio fecundo y se propone repetir la convocatoria todos los años con la confianza en que pueda convertirse en un punto de encuentro y promoción de nuestra mejor creación ensayística.

LOS EDITORES

But, seriously speaking, what is the use of art-criticism? Why cannot the artist be left alone, to create a new world if he wishes it, or, if not, to shadow forth the world which we already know, and of which, I fancy, we would each one of us be wearied if Art, with her fine spirit of choice and delicate instinct of selection, did not, as it were, purify it for us, and give to it a momentary perfection? It seems to me that the imagination spreads, or should spread, a solitude around it, and works best in silence and isolation. Why would the artist be troubled by the shrill clamour of criticism? Why should those who cannot create take upon themselves to estimate the value of creative work? What can they know about it? If a man's work is easy to understand, an explanation is unnecessary...

OSCAR WILDE
The critic as artist, I

George Frederick Watts, *Las tres diosas*, 1865-1872.

1. LA MIRADA DE PARIS. INTRODUCCIÓN A LA CRÍTICA

> Por crítica entiendo aquí toda la actividad intelectual encaminada bien a averiguar qué es poesía, cuál es su función, por qué se escribe, se lee o se recita, bien —suponiendo, más o menos conscientemente, que eso ya lo sabemos— a apreciar la verdadera poesía.
>
> T.S. ELIOT
> *Función de la poesía y función de la crítica*

La tranquilidad del lugar invita, sin duda, a la reflexión; no importa que sea un eglógico *locus amoenus*, ni que se encuentre en una situación determinada o concreta, ni que cambien los gestos, los vestidos o los atributos u objetos que cada personaje porta. La historia de la pintura solamente reduce al máximo el número de personas, no para mantenerse fiel a la leyenda, sino para asegurar la máxima atención, la justa decisión de una de las figuras. Hay alguien que mira, que escruta la pura belleza concretada en tres cuerpos, que a veces se acaricia el mentón procurándose un gesto de duda, como en la famosa tela de Peter Paul Rubens de 1639 (Museo del Prado), o que se muestra expectante y relajado, como en una versión anterior de Rubens datada en 1632 (National Gallery, Londres). Todo pronunciamiento, toda formulación del juicio y de las razones que lo justifican, lleva un tiempo de análisis, de duda, y por lo tanto de espera, con el tiempo detenido igual que en el cuadro de Lucas Cranach, *el Viejo*, de 1528. E incluso existe el momento de la disputa, del intento por convencer o coaccionar mediante las palabras o quizá los regalos, y el instante en que el sujeto perceptor se encuentra menos dotado de seguridad personal, y experimenta una zozobra en el ánimo, tal y como perpetuaron pictóricamente Paolo Veronese, Hendrick von Balen y Claude Lorrain, en diferentes siglos, por medio de diversos estilos.

Una tela de 1520, de Lucas Cranach, *el Viejo*, muestra a Paris contemplando bajo un árbol a las tres diosas que se disputan la que será la famosa manzana de la discordia, Hermes les suele acompañar y

Peter Paul Rubens, *El juicio de Paris,* 1639, Madrid, Museo del Prado.

hace recaer sobre él el designio de Zeus: que entregue la fruta de oro a quien encuentre más hermosa. Paris, el bello joven criado por pastores, se ve obligado a fallar el pleito entre Hera, Atenea y Afrodita, y renuncia al poder (al Imperio de toda Asia) y a la prudencia (para vencer en todos los combates), a cambio del amor de Helena de Troya que Afrodita le había prometido. Pero antes de la decisión final, hay tiempo para volverse atrás, quizá sabedor de los conflictos que su decisión puede ocasionar (como intuye el gesto del brazo que registra el pintor de finales del siglo XVII Adriaen van der Werff), y tiempo para la feliz y concienzuda decisión de acercar la manzana hacia Afrodita, y dictaminar su máxima belleza, ante la ira o el desdén de las otras dos deidades, que se dirigen a abandonar la escena en una tela de 1825-1826 de William Etty. No obstante *El juicio de Paris,* título de todos estos cuadros que venimos comentando, elige el momento de la decisión y de la entrega como culmen de la mirada crítica del joven Alejandro: desde una pintura atribuida a Domenico Veneziano (*ca.* 1416); pasando por otra versión de Lucas Cranach, *el Viejo,* de 1530; la primera tela que sobre el episodio mitológico compuso Rubens; e incluso una versión de principios del siglo XIX realizada por William Blake (1817).

En todas ellas destaca la mirada de Paris, el joven pastor meditando, dudando o decidiendo sobre la belleza ante tres cuerpos hermosos. Ante todo juicio crítico también se produce una visión semejante, el mismo escrutinio, por parte de aquel que se ve destinado a decidir

Peter Paul Rubens, *El juicio de Paris*, *ca.* 1632, Londres, National Gallery.

Claude Lorrain, *El juicio de Paris*, 1645-1646, Washington, National Gallery of Art.

Lucas Cranach, *el Viejo*, *El juicio de Paris*, 1528, Nueva York, Museo Metropolitano.

Adriaen van der Werff, *El juicio de Paris*, 1716, Londres, Dulwich Picture Gallery.

sobre objetos divinos: el crítico literario. Curioso que Alejandro, el otro nombre con que se alude a Paris, pueda significar etimológicamente "el hombre que protege": así pues, de la misma manera que el crítico literario, con su sola mirada, puede decidir el valor, la belleza, la máxima expresión del arte, también está llamado a perpetuar el objeto, a salvarlo del olvido y del paso del tiempo, a petrificarlo —como hacía la mirada de Medusa. Hasta cierto punto puede parecer un tanto extraño preguntarse por las razones que llevaron al pastor a decidirse por Afrodita, pero tanto si fue por la belleza de Helena como por su amor, esta escena mítica puede explicar las opiniones críticas que se justifican tanto estética como pragmáticamente. La mirada de Paris es el gesto de todo lector o lectora que se acerca a un texto literario y descifra sus signos y los interpreta críticamente, juzgando su valor: escoge, opina, valora, en definitiva, se formula en tanto que sujeto perceptor ante lo otro.

Domenico Veneziano, *El juicio de Paris, ca.* 1416, Glasgow, National Gallery of Scotland.

William Blake, *El juicio de Paris,* 1817, Londres, British Museum.

Desde que se resquebrajó la idea clásica y clasicista de belleza no existe una sola y justa mirada de Paris, porque el romanticismo estableció la misma obra de arte o la voluntad del autor como normas singulares de validez artística. Recordemos que en el siglo XIX Hegel dictó la "muerte del arte", a causa del carácter crítico que suponía al arte romántico, puesto que cada una de las obras pertenecientes a la nueva estética contenía sus propias reglas, y, por consiguiente, las bases para ser comprendida o valorada. Precisamente Octavio Paz, en un ensayo incluido en *El signo y el garabato,* califica a Charles Baudelaire como el primer autor moderno porque "inserta la crítica en la creación, inventa el arte crítico. Antes la crítica precedía o sucedía a la creación; ahora la acompaña y es, diría, su condición."[1] De manera

[1] Octavio Paz, "Presencia y presente: Baudelaire crítico de arte", en *El signo y el garabato,* México, Joaquín Mortiz, 1973, p. 38. Aunque desde el punto de vista de la reper-

que el juicio crítico puede ser ejecutado por el lector, por el contemplador ante el objeto artístico: todos somos Paris, como exige la tela de George Frederick Watts titulada *Las tres diosas* (1865-1872) [véase pág. 10]. El cuadro simbolista, que fue titulado por el mismo autor *Las tres gracias, Pallas, Juno y Venus* y *El juicio de Paris*, muestra a tres divinidades desnudas desprovistas de atributos —y no podemos saber quién es quién—, pero lo más desconcertante es que Paris no aparece representado. La obra de Watts permite entender que Paris es cada uno de los espectadores que se acerca a la tela, y que determina qué desnudo merece ser considerado más bello, pero con una clara dificultad: debe decidir por su cuenta, sin contrapartidas, sin normas ni reglas, es su gusto personal el que se impondrá por encima de todo, tanto si posee una idea del arte por el arte, como si cree que el arte debe tener una utilidad. Es la pura mirada de Paris que nos obliga a ejercer nuestro juicio crítico en cada momento, dado que la contemplación no está exenta de opinión, no escapa a la decisión de la lectura. Porque diferentes van a ser las estéticas artísticas y distintos los usos de época, el crítico y poeta inglés W.H. Auden advirtió sobre la variabilidad de los juicios artísticos, y sobre la necesidad de recurrir necesariamente al propio gusto, en el capítulo de *La mano del teñidor* titulado "Hacer, conocer, juzgar" (1951).

El juicio crítico "este libro es bueno o malo" implica bueno o malo en todo momento, pero como el futuro es desconocido, y en relación con el de un lector un libro es bueno ahora si su efecto venidero será bueno, es imposible lanzar un juicio. Por lo tanto, la guía más segura es el candoroso principio acrítico del gusto personal.[2]

En uno de los cuentos que componen *El Aleph* de Jorge Luis Borges, *La escritura del dios*, tenemos acceso a los pensamientos de Tzinacán, el último sacerdote azteca apresado por los españoles, cuando busca la escritura que el dios, en los primeros días de la creación,

cusión que tuvo el arte crítico contemporáneo sobre el trabajo y el comportamiento de los lectores, intentando dilucidar de qué manera éstos influyeron en la creación de las subsiguientes formas artísticas, este mismo tema ha sido tratado en el primer capítulo de *Un segle de lectura* (cf. Jordi Julià, *Un segle de lectura. Assaigs de literatura contemporània i el seu estudi*, Barcelona, Edicions 62, 2002, pp. 66 ss.).

[2] W.H. Auden, "Hacer, conocer, juzgar" (1951), en *La mano del teñidor y otros ensayos*, Barcelona, Barral Editores, 1974, p. 51.

codificó para conjurar los males que había previsto. Después de muchas conjeturas, este prisionero sagrado deduce que el mensaje que anda buscando está cifrado en la piel del jaguar —símbolo del dios—; es por este motivo que comienza la fatigosa y larga tarea de estudiar los símbolos que se dibujan sobre la piel del jaguar que le acompaña en la jaula donde se encuentra: "dediqué largos años a aprender el orden y la configuración de las manchas". Finalmente el sacerdote consigue interpretar la escritura del dios "y, entendiéndolo todo, alcancé también a entender la escritura del tigre": comprende la creación por entero. Pero una vez que lo ha entendido todo afirma "nunca diré esas palabras",[3] porque no tiene ninguna necesidad de ello. Posiblemente esta negación de la palabra es la única diferencia existente entre el crítico literario y el viejo personaje de Borges, precisamente porque la labor del crítico consiste en estudiar detenidamente los escritos —y saber ver un lenguaje tras unas manchas arbitrarias— con el fin de exponer su significación y comunicarla. Si este viejo sacerdote era la única persona adecuada para descifrar la lectura de un dios, el crítico literario tiene que destacar por ser un gran lector, el mejor lector, un lector modélico. Entre otras razones porque nos encontramos ante "un intelectual —según las palabras de la teórica catalana Dolors Oller— que ha escogido los fenómenos literarios para intentar explicarse el mundo, de la misma manera que otros escogen los físicos o los metafísicos. Que sabe que su disciplina, a diferencia de la de los primeros, no es una ciencia exacta sino una reflexión destinada a construir sentido."[4]

Si la teoría literaria se caracteriza por utilizar un método generalizador basado en la observación de los diferentes fenómenos literarios, que eran explicados por una ley, la crítica literaria se opone a la teoría de la literatura por usar un método individualizado, centrado en la lectura e interpretación de una obra literaria que es necesario comprender y hacer comprender —como indicaba Tzvetan Todorov en el artículo "Sobre el conocimiento semiótico" (1983). Podemos percibir perfectamente la posición existente entre estas dos disciplinas literarias, pero hay que tener bien en cuenta que si bajo una

[3] Jorge Luis Borges, *La escritura del dios*, en *Ficciones. El Aleph. El informe de Brodie*, Caracas, Biblioteca Ayacucho, 1986, p. 149.

[4] Dolors Oller, "Qui tem la crítica literària?", en *La construcció del sentit*, Barcelona, Empúries, 1986, p. 105 (siempre que el original no se halle en castellano, o bien no exista una traducción al español, la traducción de los textos correrá a mi cargo, J.J.).

teoría literaria se encuentra siempre una idea de literatura —como ya hemos visto—, la crítica literaria no existe sin la teoría, dado que —implícitamente y a propósito de una obra concreta— el crítico se plantea los problemas de la entidad y el alcance de la literatura. Según indica el teórico francés Roland Barthes, citando a Paul Claudel, en un artículo titulado "¿Qué es la crítica?" (1963), la crítica comporta un discurso no dicho sobre sí misma, básicamente porque busca un *conocimiento* e implica un *co-nacimiento*, una reflexión epistemológica sobre su sistema.[5]

Así pues, la crítica literaria se encargará del estudio atento y detallado de una obra única, con una clara intención valorativa (de aquí que la actitud que adopta quien la practica sea esencialmente normativa, puesto que realiza un análisis de una obra de arte con la finalidad de saber si triunfa estéticamente), y debe contener una teoría literaria *in nuce*, una idea de la literatura, desde donde responder dos preguntas principales y básicas: *¿cómo funciona esta obra concreta?*, y *¿es buena esta obra?* Sabemos, por lo tanto, cuál es la utilidad de la crítica literaria, pero considero que puede ser pertinente cuestionarnos su necesidad social. Desde este punto de vista, el escritor mexicano Alfonso Reyes, en la conferencia titulada "Aristarco o la anatomía de la crítica" (1941),[6] incluida en el libro *La experiencia literaria* (1986), consideraba que la crítica nace cuando hay una pérdida progresiva de la sociabilidad de la literatura y el autor individual empieza a considerar la obra como producción propia mientras que el público empieza a ver la literatura como la producción de otros. Si analizamos los componentes de la comunicación literaria podemos ver cómo la utilidad de la crítica puede explicarse de acuerdo con cada uno de ellos: es necesaria para un público inmenso y cada vez más desinformado, al cual da claves para acceder a la comprensión de los textos literarios; también puede ser útil a los escritores que no forman un estamento homogéneo aparte, ni disponen de una tradición escolástica propia; pero también puede ser útil a la sociedad en general porque después del romanticismo, que intentó terminar con la tradición clasicista, la

[5] Roland Barthes, "¿Qué es la crítica?", en *Ensayos críticos*, Barcelona, Seix Barral, 1983 (1964), pp. 301 ss. (Se indica entre paréntesis el año de la primera edición para así remitir fácilmente a la bibliografía final.)

[6] Alfonso Reyes, "Aristarco o la anatomía de la crítica" (1941), en *La experiencia literaria. Ensayos sobre experiencia, exégesis y teoría de la literatura*, Barcelona, Editorial Bruguera, 1986, pp. 111 ss.

literatura ha perdido las fronteras específicas de aquello que es.

Las diferentes ideas de literatura, las múltiples maneras de enfrentarse al hecho literario —que pueden llegar a representar las teorías literarias—, se concretan en los protocolos de lectura que se ponen de manifiesto a través del juicio de una obra determinada. Así pues, esta necesidad de la crítica ha provocado que un lector especializado se exprese mediante la escritura, y de paso se ha asociado al crítico literario con la figura del *commentator* medieval, que intervenía sobre el texto copiado para, de tal guisa, hacerlo más inteligible; pero en su versión más moderna esta figura literaria también opera sobre la lectura —como indicaba Roland Barthes en *Crítica y verdad* (1968)— porque transmite un texto, y redistribuye y ordena sus elementos para hacerlo más accesible. Es por esta razón por lo que una adecuada definición de la tarea del crítico literario la encontramos perfectamente precisada por el poeta y crítico catalán Gabriel Ferrater, cuando —con una muestra de metacrítica muy característica de su estilo— en uno de sus primeros artículos de crítica pictórica ("Sobre la posibilidad de una crítica de arte", 1952) decía que "la tarea del crítico, en efecto, consiste pura y simplemente en alumbrar la doble peripecia humana que tiene lugar a propósito de la obra de arte: la peripecia del autor y la del contemplador. Dicho de otro modo, el crítico debe narrar el fenómeno de convivencia humana que se produce merced al sistema semántico que es la obra de arte."[7] Desde este punto de vista, el crítico no tiene que ser un sustituto del lector sino un intermediario, un conector entre la imaginación del artista que se expresa por medio de la obra y la imaginación de los lectores que se concreta en un texto determinado.

Por estas mismas razones Auden, en una conferencia pronunciada en Oxford en 1951, y titulada "Hacer, conocer, juzgar", indicaba que el auténtico deber del crítico consiste en informar y dar a conocer al público sobre una obra, pero debe evitar hacer reconvenciones al autor, y opinar sobre cómo podría haberla escrito o mejorado. Un año después, el crítico norteamericano F.O. Mathiessen, en el volumen *Las responsabilidades del crítico*, nos hablaba del "crítico invernal", que era quien intentaba alcanzar un juicio de valor indicando qué elementos faltaban en una obra, o enumerando los errores en que incu-

[7] Gabriel Ferrater, "Sobre el expresionismo. Ante los paisajes de Benjamín Palencia" (1952), en *Sobre pintura*, Barcelona, Seix Barral, 1981, p. 48.

rría el autor. Al denunciar este tipo de crítica que no se circunscribía a las calidades presentes en una obra, Mathiessen retomaba una idea que muchos años atrás había expuesto Edgar Allan Poe en una de las notas que integraban su *Marginalia,* donde nos habla de diferentes prácticas críticas.

Cuando atendamos menos a la "autoridad" y más a los principios, cuando miremos *menos* los méritos y *más* los deméritos (y no lo contrario, como sugieren algunos), seremos mejores críticos de lo que somos. Debemos descuidar nuestros modelos y estudiar nuestras capacidades. Los insensatos elogios de lo que alguna que otra vez se hace bien en literatura, nacen de nuestra imperfecta comprensión de lo que podríamos hacer mejor. "El hombre que nunca vio el sol —dice Calderón— no puede ser culpado si piensa que no hay espectáculo comparable al de la luna; el hombre que nunca vio el sol ni la luna, no puede ser culpado por explayarse sobre el incomparable fulgor de la estrella matutina." Pues bien, corresponde al crítico remontarse hasta *ver el sol,* aunque su esfera se halle muy por debajo del horizonte ordinario.[8]

Para Poe el crítico debía ser un nuevo Ícaro capaz de remontarse hasta el sol, porque al intentar buscar la brillantez y la calidad de las obras el crítico mejorará sus opiniones y mejorará su comprensión: es decir, ampliará su imaginación literaria. Por su parte Oscar Wilde en *El crítico como artista, I* (1891) hacía decir a uno de los personajes de este diálogo, Gilbert, que la "crítica elevada" no pretende descubrir la intención real del artista, ni aceptarla como definitiva, sino que la obra literaria se convierte en un punto de partida para una nueva creación. Setenta y dos años después, al reflexionar sobre "¿Qué es la crítica?" (1963) —artículo que forma parte de sus *Ensayos críticos* (1964)—, Roland Barthes consideraba que era demasiado presuntuoso sostener que el objetivo de la crítica consiste en descubrir el significado oculto de la obra; más bien, el trabajo del crítico debe reconstruir las reglas de elaboración del sentido y "cubrir" la obra con el lenguaje de su oficio. El crítico ha de ejercer un dominio sobre la obra y transmitirlo, por lo tanto, la crítica literaria debe entenderse como una actividad comunicativa. Por su parte, uno de los grandes teóricos de la crítica de finales del siglo XIX, Matthew Arnold, apun-

[8] Edgar Allan Poe, *Marginalia* (§ LXXXIV), en *Ensayos y críticas* (trad. J. Cortázar), Madrid, Alianza Editorial, 1987 (1956/1973), pp. 303-304.

tó, en su libro *La función de la crítica* (1865), que esta actividad tiene que consistir en un "esfuerzo desinteresado para distinguir lo mejor de lo que es conocido y pensado en el mundo";[9] definición en la que ya podemos percibir cuáles deberían ser los principales objetivos de esta disciplina: realizar un examen inteligente ("esfuerzo") para así aprehender la obra de arte de una forma completa y con profundidad ("distinguir") y poder comunicar ("propagar") las obras más destacadas ("lo mejor"). Tanto el conocimiento de la obra de arte como su valoración constituyen las dos labores en que podemos resumir la actividad crítica, menesteres que ya son comprendidos etimológicamente en su nombre: si el término griego *krisis* aludía a la fuerza distintiva, de separación y elección, pero también a un juicio, una decisión o sentencia, el *kriterion* se entendía como el criterio o norma para discernir lo verdadero de aquello falso, pero también podía usarse para referirse al lugar físico donde se juzgaba, al tribunal.[10]

Dado que tenemos que suponer que en la crítica hay un conocimiento y una valoración del objeto de estudio, podemos distinguir tres etapas en todo momento crítico: en primer lugar se produce la impresión de la obra de arte sobre el crítico por medio de la lectura; posteriormente se pasa a la exégesis (que necesita la ayuda de conocimientos técnicos y específicos —métrica, retórica...— y el concurso de especialistas del ámbito de la filología o la crítica textual o ecdótica), en que se pone el acento en el aspecto cognoscitivo puesto que se realiza una interpretación de la obra concreta; y finalmente se realiza el juicio de valor, ya que el crítico determina el lugar que este texto ocupa en las producciones literarias mediante la valoración.

Según en cuál de las dos actividades básicas de la crítica literaria —el conocimiento o la valoración— se centre un discurso crítico, tendremos uno u otro de los principales géneros de la crítica, tal como los definió Roland Barthes en "Las dos críticas" (1963), editado también

[9] Matthew Arnold, *The Function of Criticism at the Present Time* (1865), en M.H. Abrams (ed.), *The Norton Anthology of English Literature*, Nueva York y Londres, W.W. Norton, 1962/1993, vol. 2, p. 1402.

[10] Para una más detallada explicación del origen etimológico del término "crítica", y para una profunda interpretación pictórica de la figura de Paris —entendido, también metafóricamente, como el primer crítico—, remito a los planteamientos iconológicos y analíticos del ambicioso y completo estudio de Hubert Damisch, *El juicio de Paris*; cuya existencia me fue desconocida durante la elaboración de este volumen hasta avanzado el proceso de edición (cf. Hubert Damisch, *El juicio de Paris*, México, Siglo XXI, 1996 (1992), pp. 150 ss.).

dentro de los *Ensayos críticos*: la crítica académica o universitaria, que es una crítica mediata —no estrictamente destinada a un consumo directo— que toma su nombre del medio o ámbito natural en que se realiza, y que se suele presentar bajo la forma de una monografía o artículo de revista especializada que da a conocer una obra o un aspecto de ésta, a través de la lectura y la interpretación. La crítica periodística, por el contrario, se produce en revistas o periódicos —como su nombre indica— y tiene una vocación inmediata; es lógico, pues, que sea eminentemente divulgativa porque va dirigida a un público más amplio, y que se pueda definir a su productor como *connaisseur*, porque trata con juicios de valor, y su principal objetivo consiste en orientar al público, bajo la forma típica de la reseña, a la hora de escoger un texto acabado de publicar —de aquí que se centre más en el presente que la crítica académica. Una de las distinciones tradicionales entre esta crítica y la periodística es que la primera se caracteriza por el rigor y el cientificismo, mientras que la segunda lo hace por la valoración. Desde este punto de vista, sólo la académica coincidiría con aquella crítica desinteresada que postulaba Arnold. En los últimos años se ha denunciado esta "falacia de la neutralidad", ya que para que el investigador pueda usar el dato al desnudo, tal como es, primero lo ha tenido que construir, y es que debajo de la aparente imparcialidad en la valoración siempre se nos están transmitiendo unos valores y una ideología, que tendría que hacerse explícita, si no se quiere caer en la "mala fe" de que habló Roland Barthes. Por lo tanto, tampoco podemos suponer neutralidad alguna en el lenguaje, porque cada palabra se halla al servicio de una visión del mundo —y de la literatura—, del valor y de la ideología.

Posiblemente porque W.H. Auden, al redactar *La mano del teñidor* (1948-1963), era consciente de la importancia de la ideología y del gusto particular del crítico se vio obligado a detallar su "idea del paraíso", es decir, todo aquello que querría saber sobre los críticos a los que lee (un acto que fue seguido por dos importantes críticos y poetas españoles: Jaime Gil de Biedma y Gabriel Ferrater). Será después de anunciar su idea de mundo edénico cuando Auden describirá las dos principales capacidades que debe poseer el crítico, y las principales características que definen su trabajo, y que resume en dos grandes rasgos: una gran erudición, para presentar obras o autores que el público desconoce, para convencer de que una lectura descuidada ha hecho menospreciar un autor o una obra y para mostrar relaciones entre obras de diferentes épocas; y una intuición superior, para presentar una lectura que profundice la comprensión de la obra, para iluminar su factura artística, para establecer la relación entre el arte y la vida en general. Claro que Virginia Woolf parece reclamar otra tarea que debería llevar a cabo el crítico, y que pediría en él una facultad visionaria, para prever el futuro, ya que en un artículo titulado "El estrecho puente del arte" (1927) se preguntó lo siguiente: "¿no es un deber del crítico decirnos, o como mínimo aventurar, hacia dónde vamos?"[11] Puede que por esta misma razón, y porque sabe de la importancia de los juicios de valor para el presente y para el porvenir, la escritora modernista se mostraba tan exigente con respecto a las opiniones críticas de los demás, mientras que tomaba una actitud extremadamente responsable al tener que formular sus propias opiniones sobre el arte, tal y como expone en una de las anotaciones de sus diarios, concretamente la que corresponde al 18 de febrero de 1922.

> Cuando leo críticas, paso rápidamente la vista por las columnas para fijarme en una o dos frases solamente, ¿es un buen libro o es un mal libro? Y, luego, hago caso o no hago caso de estas dos frases, según lo que yo sepa del libro o del crítico. Pero, cuando escribo una crítica, escribo cada frase como si tuviera que ser juzgada por el tribunal supremo. No puedo creer que sólo se eche una ojeada a mi crítica y luego no me hagan caso. De día en día, las críticas me parecen más y más frívolas. Por otra parte, la crítica me absorbe de día en día más y más.[12]

Por su parte, T.S. Eliot en "Criticar al crítico" (1961), conferencia que daría nombre a uno de sus libros,[13] editado en 1965, destaca que la principal función del crítico es establecer conexiones entre el presente y el pasado; pero si este artículo es recordado es por la tipología de cuatro tipos de críticos que ofrece: el crítico profesional o supercrítico (el oficial de una revista o periódico); el crítico con fervor (que recupera autores olvidados); el crítico académico (con un puesto docente y experto en un estudio determinado), y el poeta crítico (en el que la crítica está supeditada a la actividad literaria).

[11] Virginia Woolf, "El estrecho puente del arte" (1927), en *La torre inclinada y otros ensayos*, Barcelona, Lumen, 1980 (1977), p. 185.

[12] Virginia Woolf, *Diario de una escritora*, Barcelona, Lumen, 1981 (1953), p. 73.

[13] T.S. Eliot, *Criticar al crítico y otros escritos*, Madrid, Alianza Editorial, 1967 (1965), pp. 9 ss.

Este último tipo de crítica a menudo tiende a ser olvidada, por el hecho de ser vista como una crítica que depende demasiado de la producción literaria del escritor y que sólo es válida en la medida en que puede relacionarse con su obra. Bien es cierto que la crítica del literato (que Eliot llamaría *workshop criticism*, o crítica de taller) muchas veces debe ser tomada *cum grano salis*, pero el hecho es que toda crítica está estrechamente vinculada a un juicio de valor sobre lo que es la literatura y nunca puede escapar de él: es necesario, por lo tanto, interpretar cualquier texto de crítica en relación con la ideología, gusto personal o idea de valor literario del crítico; y tener siempre presente el contexto de época o personal del propio profesional. Tampoco se puede olvidar el juicio crítico que a menudo suelen contener las producciones literarias, que a su vez pueden funcionar perfectamente como obras de crítica literaria —tal como fueron concebidas por muchos de los escritores y filósofos románticos—, porque interpretan y valoran textos anteriores explícitamente, y como Wilde hacía decir a uno de sus personajes, en *El crítico como artista, I*, "no hay arte bello sin autoconsciencia, y la autoconsciencia y el espíritu crítico son una sola cosa".[14]

Decía José Ortega y Gasset hace más de setenta y cinco años que "el arte de nuestro tiempo [...] carece de códigos sancionadores",[15] y que al crítico se le reserva una tarea bastante ardua porque debe actuar "a la intemperie": "al mismo tiempo que juzga una obra tiene que conquistar autoridad para la ley general que aplica". Algunos decenios después, a causa de la disparidad de normas críticas y de principios estéticos que se han ido acumulando a lo largo de los años y de los siglos, el crítico literario se halla absolutamente desprotegido, y mucho más después de que la crítica solamente puede ser objetiva respecto a los principios que el propio discurso de opinión traza. Es decir, a principios del siglo XXI la crítica sólo debería ambicionar la coherencia, mucho más que una inalcanzable objetividad.

Arropados por este modesto precepto nacen los ensayos de crítica literaria que componen *La mirada de Paris*, los cuales pretenden ofrecer siempre una perspectiva distanciada y escrutadora de algunos de los más destacados aspectos relacionados con la lectura, la creación literaria, las categorías críticas y la valoración de la literatura en gene-

[14] Oscar Wilde, *Selected Writings*, Londres, Chancelor Press, 1985 (1961), p. 56.

[15] José Ortega y Gasset, "Sobre la crítica de arte" (1925), en *La deshumanización del arte y otros ensayos de estética*, Madrid, Espasa Calpe, 1993 (1987), p. 196.

ral, pero más concretamente de la poesía. Compuesta de diferentes parpadeos, que permiten girar la cabeza hacia diversos problemas literarios, *La mirada de Paris* comprende diversos ensayos que difieren de objeto de estudio, aunque están estrechamente relacionados entre ellos por el hecho de percibir un mismo panorama: algún paisaje de la poética contemporánea —tanto de la creación literaria como del discurso crítico que informa de ella— desde un punto de vista general, aunque aplicados a autores o a obras concretas de poesía o de crítica literaria. Para decirlo con palabras del escritor catalán Josep Pla, concretamente las que anotó en uno de sus diversos dietarios sin fechas, "en la cuestión literaria hay estos dos aspectos: primero, lo que se trata de expresar y después la manera de hacerlo. La manera de hacerlo es lo que constituye plenamente el objeto de la crítica literaria."[16] Así pues, los presupuestos de que se parte constantemente, en todos y cada uno de estos capítulos que siguen, podrían coincidir perfectamente con aquellos que se planteaba W.H. Auden ante una obra literaria, y que concretó de la siguiente forma: "las cosas que me interesan al leer un poema son dos. La primera es técnica: 'He aquí un aparato verbal. ¿Cómo funciona?' La segunda es, en un sentido amplio, moral: '¿Qué especie de tipo habita este poema? ¿Cuál es su idea de buena vida o de buen lugar? ¿Su noción del Nefando? ¿Qué le oculta al lector? ¿Qué se oculta hasta a sí mismo?' "[17]

No obstante, a lo largo de todas las páginas de este ensayo hay un interés por las influencias literarias, y por una idea de tradición y canon, con las cuales los autores contemporáneos siempre han jugado; pero especialmente por ofrecer una idea de la poesía y de la crítica que permita aguzar la mirada de los lectores y lectoras, y profundizar su conocimiento del mundo de la letra escrita. De este modo, quisiera que me hubiera influido toda la crítica poética del siglo XX, pero sin duda este volumen se halla estrechamente inspirado por el espíritu que llevara, en 1968, a Juan Ferraté a publicar una magistral *Dinámica de la poesía*: éstos, como aquéllos, no pretenden ser más que simples "ensayos de explicación". Partiendo de esta clara voluntad estilística e investigadora, ya al terminar esta introducción a *La mirada de Paris*, no puedo dejar de citar las palabras que a propósito de la función específica de la crítica formuló la poetisa norteamericana Marianne

[16] Josep Pla, *Notes del capvesprol* (*Obra Completa, 35*), Barcelona, Destino, 1993 (1979), p. 52.

[17] W.H. Auden, *op. cit.*, p. 58.

Moore, al ser inquirida sobre este asunto; en su día esta autora declaró que "la crítica debe estimular una mejor comprensión del tema tratado, 'con una tregua a la cortesía', como decía Montaigne; sin amaneramientos y 'sin la corrupción perjudicial de la ambición'". Y añade: "La crítica debiera estimular la imaginación, proporcionar las confrontaciones en las cuales no se ha pensado, en fin, debiera ser afirmativa y poseer un incuestionable buen gusto."[18]

A modo de prólogo del libro *El hacha y la rosa* (1993), el poeta español Luis Alberto de Cuenca incluyó un poema titulado "El juicio de Paris", donde ofrece su propia versión del mito clásico:

> A la dudosa luz del alba
> las tres diosas se contonean
> recién lavadas y peinadas,
> cada una con un espejo
> que dice: "Tú eres más hermosa."
>
> Fina escarcha y polvo de estrellas
> salpica los divinos cuerpos
> hechos de sueño y de rocío
> y de polen de madreselva
> y de feérica telaraña.[19]

Se interrumpe el poema antes de la llegada de Paris, en la tercera y última estrofa, para poder contemplar un instante la belleza de las tres divinidades que, ante su propio espejo, perpetúan el engaño de creer que ellas son las más hermosas —como las obras de arte retraídas, aisladas, sin parangón. Ya sólo falta el otro: quien observe y quien juzgue, según sus propios gustos —heredados o forjados a lo largo de los años con afán y sudor—, a quien sobrepasa a las demás en belleza. Como siempre, extraña e inquietante, analítica y distante, se acerca *La mirada de Paris.*

[18] Howard Nemerov (ed.), "Algunas respuestas a las preguntas de Howard Nemerov, por Marianne Moore", en *La poesía y los poetas,* Buenos Aires, Editorial Hobbs-Sudamericana, 1973 (1966), pp. 29-30.

[19] Luis Alberto de Cuenca, "El juicio de Paris", en *Los mundos y los días. Poesía 1972-1998,* Madrid, Visor, 1999, p. 171, vv. 1-10.

2. LA LECTURA O LA MIRADA CRÍTICA

> Tenemos la seguridad de que al terminar la lectura seremos más sabios, si no mejores.
>
> EDGAR A. POE
> *Marginalia*

Desde el umbral del siglo XXI, antes de cerrar del todo la puerta del tiempo y dejar atrás la centuria que ha pasado, el fondo de la retina colectiva de la humanidad del mundo occidental ha retenido uno de los gestos más repetidos en los últimos doscientos cincuenta años por hombres y mujeres de todas las clases sociales: abrir un libro y mirar cara a cara sus páginas casi sin poder explicar bajo qué mágico hechizo ha caído aquella persona que hace que se aísle de la realidad y que se concentre en la claridad del papel, ordenadamente interrumpida por la perfilada oscuridad de la tipografía. Si somos capaces de enfocar la mirada hacia la lejanía de los años todavía podemos distinguir un hombre de unos treinta y cinco años que apunta una frase en un pequeño cuaderno: es el escritor alemán Georg Christoph Lichtenberg que en el decenio de los setenta del siglo XVIII anota uno de los aforismos que lo han hecho pasar a la posteridad: "por leer tanto hemos caído en una docta barbarie".[1] A pesar de la rotundidad de la afirmación no hemos de dejarnos engañar, y no podemos entender que toda la sociedad alemana de formación ilustrada se pasara todo el día leyendo, sino más bien que la cultura racional que los siglos XVII y XVIII habían fomentado fue difundida a través del papel escrito y la lectura, y que el acto de coger un libro y ponerse a leer empezaba a ser cada vez más común entre los intelectuales y las clases altas.

Esta circunstancia puede comprobarse en un cuadro del pintor inglés Joshua Reynolds quien, casi al mismo tiempo en que Lichtenberg escribía su máxima, retrataba a un hombre de letras italiano perteneciente al círculo de una de las figuras sociales más importantes del

[1] Georg Christoph Lichtenberg, "Cuaderno F" (§ 1085), *Aforismos*, Barcelona, Edhasa, 1990 (1968/1971), p. 174.

Joshua Reynolds, *Joseph Baretti*, 1773, Colección particular.

neoclasicismo inglés: el poeta, ensayista y crítico Samuel Johnson. Me estoy refiriendo al cuadro de 1773 titulado *Joseph Baretti*, donde Reynolds nos muestra a este intelectual de mediana edad acercándose a los ojos un pequeño libro, como si tuviese dificultades ópticas para distinguir unas letras diminutas, pero a pesar de los inconvenientes de la postura, y la fatiga de llevar a cabo una lectura tan poco amena, este hombre ha permanecido concentrado en el contenido de estas líneas para toda la eternidad. Posiblemente Lichtenberg estaba pensando en un artista como Reynolds (defensor de las normas del buen gusto y de la importancia de la autoridad en arte, y capaz de ocupar todas sus telas con personajes de ideas semejantes, como lo era Joseph Baretti) cuando hablaba de los engañosos usos sociales que un determinado sector de falsos hombres de letras daba a los libros.

Si el siglo XVIII se había caracterizado por ser la centuria de las luces, haber consolidado la Ilustración, y por creer en el poder ilimitado de la razón, en el ámbito de las artes estas ideas filosóficas e históricas se habían concretado en forma de estilo neoclásico: la sistematización de la belleza grecolatina, y la imitación con *bon sens* de los autores clásicos, la validez y perfección de los cuales tenía que ser reconocida por todo el mundo, dado que la razón y el sentido común eran supuestos, desde Descartes, en todos los individuos en tanto que tales. Según la ingeniosa máxima de Lichtenberg, los usos imitadores de muchos lectores neoclásicos habrían traicionado los principios de los autores a los que trataban de copiar, porque se enfrentaban a aquellas obras clásicas del pasado con una actitud reverencial más que crítica: es por esto por lo que opinaba que muchos hombres de letras neoclásicos se rodeaban de un aura de grácil cultura, pero se comportaban bárbaramente con los autores de la tradición grecolatina, cuya autoridad —mas no su propiedad— podía ser esgrimida para desacreditar cualquier obra o autor que se alejara del concepto único de belleza y de las reglas del arte neoclásico.

Quizá por esta razón el mismo Lichtenberg —pensador distanciado de los ilustrados alemanes tanto como de sus jóvenes coetáneos prerrománticos— anotó unos años después, en otro cuaderno que redactó entre 1784 y 1788, que "es muy bueno releer siempre los libros que otros han leído ya cientos de veces, pues si bien el objeto sigue siendo el mismo, el sujeto es diferente".[2] Este autor alemán proponía un auténtico ejercicio de la razón individual, haciendo prevalecer el gusto propio, y dejando a un lado la irreflexiva veneración de las autoridades antiguas; él siempre afirmó que su mayor placer surgió de la lectura asistemática de diferentes obras,[3] sin permitir que las tradiciones o las modas literarias empañaran demasiado sus elecciones, hasta el punto de aconsejar al lector ideal de sus aforismos lo siguiente: "no dejes que gobiernen tus lecturas, sino manda tú sobre ellas".[4] De esta manera, este siglo XVIII que había consolidado y difundido la Ilustración sería el mismo que asestaría un golpe mortal a la estética neoclásica, y esto fue posible gracias a la difusión de un gesto como el de alejarse del mundo, y de la influencia de los demás, y concentrarse en el acto intelectivo de intentar comprender al otro gracias a dotar de sentido unas palabras impresas en la página.

Puede resultar más que curioso que coincida en una misma centuria la sustitución de la estética del buen gusto por la estética del gusto

[2] *Ibid.*, "Cuaderno H" (§ 54), p. 198.
[3] *Ibid.*, "Cuaderno J" (§ 202), p. 212.
[4] *Ibid.*, "Cuaderno G" (§ 210), p. 189.

propio, a través del cual cada persona es capaz de emitir un juicio y forjarse una idea sobre el mundo, y especialmente sobre el arte, sin las muletas de los tópicos heredados. Este hecho lo podemos comprobar perfectamente en el ámbito del arte, y concretamente en el de la pintura, ya que si bien a principios del siglo XVII las noticias que los diarios de la época ofrecían sobre las exposiciones no eran más que una retahíla de vacuas y elogiosas afirmaciones sobre los cuadros expuestos, a medida que se entró en el nuevo siglo, y por la influencia de filósofos, artistas y literatos, se desarrolló una disciplina artística como la crítica, y por lo tanto el ejercicio de la lectura, interpretación y valoración de las obras de arte desde un punto de vista individual. No obstante, con el paso del tiempo y la perpetuación de errores de valoración, y la aplicación de tópicos literarios y artísticos, en el último cuarto del siglo XVIII se empieza a desconfiar del ejercicio de la crítica, especialmente la periodística, como nos indica una de las reflexiones de Lichtenberg.

> Considero las recensiones como una especie de enfermedad infantil que ataca más o menos a todos los libros recién nacidos. Tenemos ejemplos de que los más sanos mueren de resultas de ella, mientras que los debiluchos salen, a menudo airosos. A algunos no los ataca. Con frecuencia se ha intentado prevenirla con amuletos tales como un prólogo o una dedicatoria, o bien vacunándola con juicios propios, pero esto no siempre da resultados.[5]

Precisamente uno de los pintores más críticos con la sociedad inglesa del ochocientos, William Hogarth, pretendió alejar a sus pintores contemporáneos de los dictados de la academia basada en los maestros antiguos y compuso un tratado pictórico titulado *El análisis de la belleza* (1753). Quizás a causa de la reflexión teórica que este artista realizó a lo largo de su vida nos encontramos con una pintura que pretende alcanzar los mismos propósitos, tal y como se puede apreciar en un cuadro titulado *El pintor y su dogo* (1745), donde, en lugar de componer un cuadro donde se le viera pintando en su estudio con un perro faldero, decide reproducir un autorretrato oval con su busto, recostado sobre tres volúmenes, en cuyo lomo podemos leer el nombre de sus autores: Shakespeare, Milton y Swift. Una de las características de esta tela es que se presenta como una pieza programáti-

[5] *Ibid.*, "Cuaderno J" (§ 854), p. 230.

William Hogarth, *El pintor y su dogo*, 1745, Londres, Tate Gallery.

ca, porque en el cuarto inferior izquierdo podemos ver una paleta de pintor encima de la cual está inscrito uno de los principios de belleza que difundiría en su tratado estético. Precisamente en un cuadro que presenta una tan clara voluntad de reflexionar sobre el propio arte pictórico no faltan los libros que difunden un tipo muy concreto de cultura donde el mismo pintor se ha formado: los tres volúmenes que aparecen pertenecen a tres de los autores más importantes de la tradición literaria y cultural inglesa, con un claro trasfondo moral y satírico que Hogarth también plasma pictóricamente, ya que en primer plano coloca a su animal de compañía, que no es un perro pequeño, gracioso ni elegante, sino que es un perro callejero, una mascota más bien extraña y poco estética.

De suerte que el estilo de Hogarth puede ser entendido como su perro: una pintura incómoda y posiblemente poco catalogable por los usos de la época, precisamente porque era crítica con la elegante y delicada sociedad del siglo XVIII, a la cual presenta con una mirada satírica en el cuadro *Matrimonio a la moda: la mañana* (1744), tela que deja patentes los vicios tediosos que seguían las clases altas inglesas y precisamente los matrimonios jóvenes, que desatendían comple-

William Hogarth, *Matrimonio a la moda: la mañana*, 1744, Londres, National Gallery.

tamente sus asuntos. En esta pieza vemos una pareja de jóvenes alrededor de una mesa, después de desayunar: la muchacha estira su pereza con los brazos, mientras que su marido está arrellanado sobre una silla, tedioso, y sin prestar atención a un perrito pequeño y lanudo que le reclama caricias —bien diferente de la mascota propiedad del pintor. Los dos jóvenes se dejan llevar por un *dolce far niente*, justo después de levantarse, e incluso lo contagian a uno de sus mayordomos, que —al fondo de la estancia— se rasca la cabeza mientras mueve pesadamente una silla, y a la vez desesperan a su contable, quien con un pliego de facturas en la mano pone los ojos en blanco y se dispone a abandonar la habitación, dejándolos por imposibles. Este matrimonio ha olvidado sus obligaciones y su ocio, y esto se puede percibir perfectamente en el hecho de encontrar un sable lanzado a los pies del joven, y un libro medio abierto delante de los pies de su esposa. Si Lichtenberg consideraba que la mejor manera de mostrar "los disparates siempre cambiantes de la época" era mediante "el buril de Hogarth", ante tal cuadro también podría exclamar "¡Cuántas cosas pueden aprenderse de una descripción

Anna Dorothea Therbusch, *Autorretrato, ca.* 1782, Berlín, Germanische National Museum.

semejante!"[6] Este escritor alemán, ante la lectura abandonada de la joven muchacha, podría repetir uno de sus aforismos que reflejan algunos de los hábitos de lectura de la época: "realmente hay muchísima gente que lee sólo para no tener que pensar".[7]

Claro está que tenemos ejemplos contrarios que nos impiden elevar a categoría este comportamiento puntual de un matrimonio a la moda, y uno de ellos nos lo vuelve a ofrecer el arte pictórico del pincel de Anna Dorothea Therbusch, quien cinco años antes de su muerte, a la edad de cincuenta y cinco años empezó a componer su autorretrato, aunque para ello no escogió la localización de su estudio, ni se inmortalizó en el momento de esbozar o ponerse a pintar una tela: el cuadro muestra una mujer entrada en años, elegantemente vestida, y sentada en una silla de terciopelo verde —quizás en el salón de su casa— que sostiene con su mano derecha un volumen abierto por la mitad. El contemplador del cuadro no sorprende a la

[6] *Ibid.*, "Cuaderno G" (§ 201), p. 188.
[7] *Ibid.* (§ 82), p. 183.

pintora pintando sino leyendo con todas las comodidades posibles, puesto que tiene un taburete para levantar la pierna y aproximarse el libro —que a la vez recuesta por el lomo contra una mesa— y dispone de un anteojo que le cuelga de la diadema del pelo para agrandar las letras del volumen. En este *Autorretrato*, fechado aproximadamente hacia 1776 o 1777, no se reproduce ni una sola tela, ni una sola paleta, tan sólo una lectora rodeada de libros (pues hay dos pesados mazacotes encuadernados en piel, a la izquierda del cuadro) en la actitud más cómoda para llevar a cabo la actividad que más le place y la define como tal: la lectura atenta y absorbente.

Los gestos que hallamos representados en las telas de Hogarth y Therbusch que hemos comentado (una de ellas mostrando un libro abierto en el suelo, mientras su lectora holgazanea, y la otra con una lectora interrumpida durante su concentración) son muy significativos de las dos actitudes que desde aquel lejano siglo XVIII podemos ver que se siguen relacionando con la lectura. Aproximadamente medio siglo después, hasta cierto punto detectamos estos hábitos concretados en los usos cotidianos de Dorothy Wordsworth, la hermana del poeta inglés William Wordsworth, que dejó plasmados en los diarios que fue redactando a lo largo de su vida, y que constituyen un documento importantísimo de las actitudes frente a la lectura de una mujer soltera de principios del ochocientos. En lo que habría de llamarse póstumamente *Diarios de Grasmere* encontramos la anotación fechada el 24 de noviembre de 1801: "una mañana lluviosa. Todos estábamos bien excepto que mi cabeza me dolió un poco y tomé mi desayuno en la cama. Leí un poco de Chaucer, preparé la oca para la comida, y luego salimos todos."[8] A pesar de la aparente trivialidad en cuanto a los hechos que se relatan, observamos que la lectura se ha convertido en una actividad cotidiana y normal en una mujer soltera de treinta años, que compagina con el resto de quehaceres diarios, y que utiliza como distracción o diversión en una fría y lluviosa mañana de principios del invierno inglés, y como tranquilizante para apaciguar una jaqueca. Después de uno de los muchos paseos que tomaban los hermanos Wordsworth —que tanto habrían de reflejarse en los poemas del autor de *El preludio*— la sobremesa y la tarde se les fueron entre charlas con la que había de convertirse en esposa

[8] Dorothy Wordsworth, *The Grasmere Journals* (24/XI/1801), en M.H. Abrams (ed.), *The Norton Anthology of English Literature*, Nueva York y Londres, W.W. Norton, 1962/1993, p. 291.

de William Wordsworth, Mary Hutchinson, y lecturas en voz alta: "estuvimos sentados junto al fuego sin hacer nada durante algún tiempo y luego Mary leyó un poema de Daniell sobre la instrucción. Después del té William leyó a Spenser de vez en cuando un poco en alto para nosotras, que estábamos haciendo su chaleco."[9] Aunque los Wordsworth de ningún modo pueden ser presentados como un ejemplo de la familia inglesa típica de principios del siglo XIX, debido a su inusual y profunda formación intelectual y literaria, y porque fueron unos rentistas durante casi la totalidad de su vida, sí vemos cómo la lectura va articulándose, poco a poco, entre los gustos, los entretenimientos e incluso las distracciones pasajeras de las gentes de aquella época.

De igual forma que Lichtenberg, en la segunda mitad del setecientos, protestó ante el excesivo abuso de la lectura, también se van a alzar voces, a lo largo de la siguiente centuria, que se quejan del exceso de erudición, entendida como una simple acumulación de saber, y desprovista de cualquier facultad crítica o de discernimiento. Entre ellas descuella la de Thomas Hardy, quien en 1896 publicó la novela *Jude, el oscuro*, cuyo epígrafe general reza la siguiente frase del libro bíblico de los *Corintios*: "La letra mata." Aunque la obra de Hardy despertó una dura polémica moral a causa de la clara condena a las cadenas del matrimonio, esta línea temática se entrelaza con otro de los grandes ataques que contienen sus páginas, al arremeter contra el elitismo de la educación y la cultura, y al contraponer la sociedad estudiantil de Christminster —trasunto de Oxford— a un trabajador instruido como Jude.

Cada día, a cada hora, mientras iba a buscar trabajo, les veía ir y venir, se rozaba con ellos, les sentía las voces, observaba cómo se movían. A menudo, las conversaciones de algunos de los más estudiosos le parecían ser bien parecidas a sus propios pensamientos, y lo atribuía a la larga y persistente preparación a que se había sometido antes de decidirse a ir. No obstante, estaba tan lejos de ellos como si hubiera estado en las antípodas. Y claro que, de hecho, lo estaba: era un joven obrero de blusa blanca y con polvo de piedra en las arrugas de la ropa. Cuando les pasaba cerca, ni le veían ni le sentían, más bien miraban a través de él —como si fuera un cristal— a los compañeros del otro lado.[10]

[9] *Ibid.*, p. 292.

[10] Thomas Hardy (1895), *Jude, el oscuro* (II, 1), Barcelona, Alba Editorial, p. 92.

La trama de la novela empieza cuando el maestro del pueblo abandona Marygreen, y Jude le acompaña un tramo en su camino de partida hasta las afueras, desde donde se atisba, a lo lejos, la ciudad universitaria de Christminster hacia donde se dirige su estimado profesor, y donde le recomienda que encamine sus pasos en un futuro no muy lejano, dado que el estudio y la ciudad deben ser las pretensiones de alguien que quiera hacer algo en la vida. Estas palabras se convierten en lema para Jude, quien pronto empezará la lectura y el estudio que no va a abandonar a lo largo de su vida, y que compaginará con su oficio de picapedrero y escultor, hasta el punto de decirnos lo siguiente de su jornada diaria: "después de trabajar todo el día, leía la mayor parte de la noche".[11] Su única pretensión consistía en poder convertirse en un estudiante, y posteriormente, quizás, en profesor de alguno de aquellos *colleges* que reiteradamente le negaron la admisión por su carácter de trabajador. No será casual que Jude se acabe enamorando de su prima Sue Bridehead —también abandonada por sus padres—, brillante e inteligente desde la infancia, puesto que ya desde pequeña había tenido acceso a una formación literaria, y por ello había aprendido poemas de Longfellow, Byron y Poe.

> Explicó que había sido una niña muy extraña, y que, antes de que su padre se fuera a Londres, había sido alumna en la escuela del pueblo, al otro lado del prado... Recordó cómo, una vez que el vicario había organizado unas lecturas y unos recitales, Sue apareció en el escenario, la más pequeña de todos, "con la batita blanca, zapatitos, y una faja rosa", recitando *Excelsior*, *Se oían algazaras en la noche* y *El cuervo*, juntando las cejas pequeñas, mirando alrededor trágicamente, y recitando como si, en el vacío del aire, hubiera alguna criatura real.[12]

Gracias a los ejemplos que hemos tenido oportunidad de manejar, podemos concluir que a lo largo de un siglo y medio hemos asistido a una difusión de la lectura hacia casi todas las clases sociales, y cómo esta actividad se ha ido inmiscuyendo por las rendijas de los hábitos diarios hasta alcanzar un lugar notorio en la vida de las gentes del siglo XVIII, y principalmente del siglo XIX —y ser asimilada finalmente como motivo temático de las artes. Desde entonces hasta ahora, y gracias a la democratización y propagación de la cultura, la

[11] *Ibid.*, p. 93.
[12] *Ibid.* (II, 4), p. 116.

alfabetización general de las clases más bajas, junto al abaratamiento progresivo de los libros, ha permitido que se difundiera la cultura en el mundo occidental a través de la letra impresa y que, además, tanto los libros como la literatura escrita ofreciesen un claro beneficio a sus lectores y lectoras: les ha permitido formarse personal y socialmente, e incluso distraerse de su aburrimiento, por el hecho de permitirles viajar hacia lugares lejanos, acceder a otras imaginaciones y vivir otras vidas.

En este sentido cada lector hace como los ángeles "*que llegeixen cadascun el llibre d'una vida*" ["que leen cada uno el libro de una vida"], en el poema titulado "La lectura de los ángeles" del poeta leridano Màrius Torres, en el que el autor nos habla de la diversidad de lectores, indicando que "*no tots els àngels són iguals, ni els llibres*"[13] ["no todos los ángeles son iguales, ni los libros"], ya que compara la variedad de libros a una gran variedad de vidas: aventureras y luchadoras, alegres, solitarias, serenas o tan desagradables que hacen apartar la mirada. Podríamos decir, pues, que en los últimos dos siglos y medio la lectura ha permitido acceder al conocimiento y a la distracción a una gran parte de la sociedad, que ha alcanzado progresivamente estos goces a medida que iban creciendo sus derechos civiles, pero también tal y como iban poseyendo más tiempo libre, y se disminuían las horas semanales de trabajo.

Es evidente que la lectura requiere una fuerte atención por parte de aquella persona que convierte unas marcas de tinta negra sobre la página blanca en todo un mundo nuevo —que ella misma conjura—, en el cual adquiere el permiso de residencia por el simple hecho de ponerse a leer y, por lo tanto, al verse obligado a suspender la realidad circundante. Esto es lo que hacía Joseph Baretti, en el cuadro de Joshua Reynolds o la misma Anna Dorothea Therbusch en su *Autorretrato*, pero es lo que no acaba de llevar a cabo la joven muchacha de la tela de Hogarth, que se deja vencer por su pereza, por la falta de atención, por el aislamiento que exige sumergirse en un libro. La lectura es un ejercicio de soledad que requiere un aprendizaje, porque precisamente no es fácil ejercitar la razón y hacer que se amolde a unas formas predeterminadas que tiene que hacer crecer. En este sentido la lectura, desde la segunda mitad del siglo XX, ha visto cómo

[13] Màrius Torres (1947), "La lectura dels àngels", en *Poesies*, Barcelona, Ajuntament de Lleida/PAM, 1992, p. 108.

sus funciones le han sido usurpadas por otras formas de cultura como son el cine y la televisión, que abastecen a los espectadores de los mismos beneficios de la lectura, pero con una ventaja clarísima: la comodidad de ver reducido su esfuerzo imaginativo y de atención, porque el mundo y las imágenes aparecen de forma explícita, igual que los colores y los detalles, y no quedan al libre arbitrio de los lectores y lectoras.[14]

Posiblemente si Hogarth viviese en este principio del siglo XXI y tuviese que pintar los vicios de las jóvenes parejas una mañana de día de fiesta ya no pondría un libro abandonado, sino que colocaría una televisión encendida delante de los ojos de los dos jóvenes, que abandonan sus obligaciones para dejarse seducir por una caja con formas y colores cambiantes, sin tener suficiente criterio para decidir si les gusta o no aquello que están viendo; porque, en el fondo, la mayoría de veces el espectador contemporáneo se ha colocado delante de la televisión por hacer algo, para olvidarse de su vida, para distraerse u holgazanear un poco más —cosa que no puede hacer delante de un libro. En este sentido, el yo poético contemporáneo de una de las voces principales de la lírica de los últimos años, la de Luis García Montero, al pasar revista en un poema a su vida pretérita "sin puntos y sin comas | hecha piel y mezclada | por el tiempo en el fondo de los ojos",[15] no olvida empezar a hablar de su realidad —título del poema—, de sus primeros recuerdos en tanto que sujeto, haciendo referencia a la televisión que desde niño oía desde la cama, y hubiera deseado contemplar. Así empieza el poema "La realidad".

> Es la televisión
> que suena al otro lado de la casa
> con sigilo de imágenes prohibidas
> la luz que me despierta y me toca en el hombro
> y me lleva al colegio de la mano.[16]

Hasta cierto punto, el sujeto del último tercio del siglo XX empieza a adquirir cultura oralmente por medio de la radio, y eminentemente

[14] Este aspecto ha sido tratado detalladamente en el capítulo "La imaginació televisiva i el discurs literari" (cf. Jordi Julià, *Un segle de lectura*, pp. 221-255).

[15] Luis García Montero, "La realidad", en *Completamente viernes*, Barcelona, Tusquets, 1999 (1998), p. 120, vv. 39-41.

[16] *Ibid.*, p. 119, vv. 1-5.

cultura visual mediante la televisión, puesto que no se requiere un conocimiento profundo del lenguaje para poder observarla, para verse hipnotizado por la pantalla luminosa, de la misma forma que se vería atraído, pocos años después, el mismo yo poético de García Montero por las primeras lecturas infantiles y juveniles en tiempo de vacaciones:

> unas sandalias en la orilla
> una casa de mar el reloj solitario
> con lentitud de siesta
> el libro detenido
> en la escena del crimen o del beso
> el placer de los pecados la mentira
> ese barco que arde
> y se hunde en un sueño y navega por otro
> el arpón en la luna
> la poesía.[17]

En estos versos al lector no le cuesta demasiado reconocerse en estas prácticas, y adivinarse leyendo novelas de misterio (¿Quizá de Agatha Christie?) o narrativa romántica de amoríos, e incluso novelas de aventuras a lo Julio Verne, y finalmente descubriendo la poesía. Así pues, a pesar de los evidentes beneficios que presenta la televisión de cara a los consumidores de cultura actuales —que somos todos nosotros—, a causa de la ingente oferta de programación a la que se puede acceder sin moverse de la cama o del sofá de casa, la lectura posee unas características especiales que tienen que hacerla pervivir a lo largo de los años aunque cambie su soporte, y que por ahora la hacen insustituible: en primer lugar, el libro tiene la ventaja de ser transportable y de poder ser consumido en todas partes (en casa, en el tren, en el metro, en el campo, mientras se come o mientras se está encerrado en el lavabo); a causa de estos rasgos intrínsecos la lectura puede ser interrumpida y retomada de acuerdo con el criterio de los lectores, lo que permite ejercer una libertad personal sobre el objeto cultural —pueden escoger cuándo y cómo se lleva a cabo la lectura—, pero también decidiendo la forma peculiar del mundo condensado en el libro, que la imaginación de los distintos lectores concretará de una forma diferente, puesto que dotará de un

[17] *Ibid.*, vv. 10-19.

sentido determinado a los diversos signos lingüísticos que aparecen sobre la página impresa.

Precisamente en el libro *Habitaciones separadas* (1994), el mismo Luis García Montero describe el comportamiento de un lector de finales del siglo XX, después de una dura jornada de trabajo:

EL LECTOR

Al volver,
burocráticos hombres con cartera
descansan un momento.
Hay un rumor de luces suspendidas,
una dispersa claridad de voces,
y en la tarde se abren
los pájaros en fuga,
el coro de las madres y de las bicicletas,
un músico ambulante.
La vida rutinaria es esta mansedumbre
de gente que se llama, se besa, se despide,
mientras el sol incendia las fachadas
y se apaga en el agua de la fuente,
en la botella del mendigo.
Está la plaza llena todavía.
Desde el balcón, sentado con un libro,
comparto en soledad la jubilosa
caída de la tarde.
Después habrá un misterio en cada esquina,
un silencio de tilos y de sombras.
Descenderá la noche
saltando como un gato de ojos brillantísimos
y por el decorado de la plaza,
lejos ya del rumor de los talleres,
veré cruzar extrañas siluetas,
un loco en su caballo,
un monarca asesino,
una mujer adúltera de sueños descompuestos,
el sabio que ha vendido su alma, detectives
cargados de derrota,
piratas infernales
y también

burocráticos seres con cartera
que esconden en su vida rutinaria
un estrangulador,
un resistente
de guerras y ciudades sometidas
o tal vez un poeta.

En mitad de la plaza hay alguien que se vuelve
y levanta los ojos
para buscar la luz en mi ventana,
el faro de la noche y sus fantasmas.[18]

García Montero sitúa la acción del poema al atardecer, cuando desde el balcón en que lee aún puede contemplar el final del ajetreo cotidiano, de gente que ya ha vuelto a sus casas y se solaza en la plaza, antes de encerrarse para cenar. A pesar del ruido humano, el yo poético se aísla con la sola lectura de un libro, y "comparto en soledad la jubilosa | caída de la tarde" (vv. 17-18). Absorto en sus pensamientos el lector protagonista anticipa lo que sucederá cuando la oscuridad vaya descendiendo igual que un gato, repitiendo la comparación que ya utilizó Luis Cernuda en el poema "Impresión de destierro" —y posteriormente Ángel González en "El día se ha ido" (*Prosemas o menos*, 1985)—, y que hasta cierto punto era heredera de la magnífica descripción que hizo T.S. Eliot, en el genial poema "La canción de amor de J. Alfred Prufrock", del descenso que hace al atardecer la niebla como si fuera un animal doméstico.

The yellow frog that rubs its back upon the window-panes,
The yellow smoke that rubs its muzzle on the window-panes,
Licked its tongue into the corners of the evening,
Lingered upon the pools that stand in drains,
Let fall upon its back the soot that falls from chimneys,
Slipped by the terrace, made a sudden leap,
And seeing that it was a soft October night,
Curled one about the house, and fell asleep.[19]

[18] Luis García Montero, *Habitaciones separadas*, Madrid, Visor, 1998 (1994a), pp. 69-70.

[19] T.S. Eliot, "The Love Song of J. Alfred Prufrock" en *The Complete Poems and Plays*, Londres, Faber & Faber, 1969, p. 13, vv. 15-22.

[La niebla amarilla que se restriega el lomo en los cristales de las ventanas,
el humo amarillo que se restriega el hocico en los cristales de las ventanas,
metió la lengua lamiendo los rincones del atardecer,
se demoró en los charcos quietos sobre los sumideros,
dejó que le cayera en el lomo el hollín que cae de las chimeneas,
resbaló por la azotea, dio un brinco repentino,
y, viendo que era una suave noche de octubre,
se enroscó una vez en torno a la casa y se quedó dormido.][20]

Si bien el lector ha sido capaz de concentrarse en la lectura y prescindir de la realidad circundante, también a la caída de la noche va a aprovechar para convertir el telón de fondo oscuro en el perfecto escaparate por el que puedan discurrir sus imaginaciones excitadas por las páginas de cualquier libro, "extrañas siluetas" (v. 25): Don Quijote sobre Rocinante ("un loco en su caballo", v. 26); Macbeth o Claudio —rey de Dinamarca y tío de Hamlet— en forma de "monarca asesino" (v. 27); o Emma Bovary —con quien se identificó su mismo autor, Flaubert—, que fue aquella "mujer adúltera de sueños descompuestos" (v. 28); o el Fausto de Marlowe o de Goethe ("el sabio que ha vendido su alma", v. 29); "detectives | cargados de derrota" (vv. 29-30) como los de Dashiell Hammett; "piratas infernales" (v. 31) como los de *La isla del tesoro*; "burocráticos seres con cartera" que son estranguladores igual que el protagonista de *American Psycho*; e incluso el poeta real —que los lectores identifican con el protagonista de los versos escritos sobre la página.

Después de la larga enumeración de posibles personajes, que podrían ocupar las imaginaciones nocturnas de este lector, el poema concluye al describir el gesto de un transeúnte que ante la ventana encendida del lector levanta la cabeza e imagina quién debe estar allí y qué debe hacer, proyectando sus fantasías "y sus fantasmas" (v. 40), de igual forma que hizo el protagonista de uno de los famosos *Pequeños poemas en prosa* (1896) escritos por Charles Baudelaire, el titulado "Las ventanas", quien llega a la siguiente conclusión:

celui qui regarde du dehors à travers une fenêtre ouverte, ne voit jamais autant de choses que celui qui regarde une fenêtre fermée. Il n'est pas d'objet plus profond, plus

[20] T.S. Eliot, "La canción de amor de J. Alfred Prufrock", en *Poesías reunidas (1901-1962)* (trad. J.M. Valverde), Madrid, Alianza Editorial, 1993 (1978), p. 28, vv. 15-22.

mysterieux, plus fécond, plus ténébreux, plus eblouissant qu'une fenêtre éclairée d'une chandelle. Ce qu'on peut voir au soleil est toujours moins intéressant que ce qui se passe derrière une vitre. Dans ce trou noir ou lumineux vit la vie, rêve la vie, souffre la vie.[21]

[Aquel que mira desde el exterior a través de una ventana abierta, no ve nunca tantas cosas como aquel que mira una ventana cerrada. No hay objeto más profundo, más misterioso, más fecundo, más tenebroso, más deslumbrador que una ventana iluminada por una vela. Lo que se puede ver a la luz del sol es siempre menos interesante que aquello que pasa detrás de un cristal. Dentro de este agujero negro o luminoso la vida vive, la vida sueña, la vida sufre.]

Aunque detrás de aquellos versos del poeta granadino puede que también exista una referencia velada al magnífico poema de Álvaro de Campos —heterónimo de Fernando Pessoa— conocido como "Al volante del Chevrolet por la carretera de Sintra",[22] no cabe duda de que hay un juego con el poema en prosa baudelaireano al indicar que en medio de la negra noche es del todo sugerente intuir cuáles son las actividades de la gente que allí vive con la luz encendida, quizá un lector que imagina un personaje que anda perdido y mira hacia una ventana e intuye quién debe habitar ahí, en qué se ocupa en sus horas de sueño —suscitando una lectura de *mise en abîme*, como magistralmente había hecho Julio Cortázar en aquel cuento ejemplar titulado *Continuidad de los parques.*

El poema de Luis García Montero puede hacernos reflexionar sobre la determinada libertad que posee el lector para concretar imaginativamente los signos verbales que se hallan en la página en blanco, y sobre la posibilidad de elegir si ocuparse de la realidad o excitar otra realidad literaria —paralela a la anterior—, incluso sobre cuál debe ser la realidad imaginativa que va a revivir —en detrimento de aquellas que aún no conoce o que ya ha leído—, y sobre las diferentes interpretaciones que puede llegar a tener una obra literaria según quién sea que abra las páginas de un libro, y según cómo sean "sus fantasmas", porque, tal y como apuntó Ángel González al final

[21] Charles Baudelaire, "Les fenêtres" (*Petits poèmes en prose,* XXXVI) en *Œuvres complètes,* París, Éditions Robert Laffont, 1996 (1980), p. 198.

[22] Fernando Pessoa, *Un corazón de nadie. Antología poética (1913-1935),* Barcelona, Círculo de Lectores, 2001, pp. 457 ss.

de una reflexión en verso titulada “Poética a la que intento a veces aplicarme” (*Muestra, corregida y aumentada…*, 1976),

> o ve su propio rostro
> o —transparencia pura, hondo
> fracaso— no ve nada.[23]

En conclusión, por su carácter de vicio solitario que permite a los distintos individuos aislarse del mundo y reconstruir otro a partir de sus pensamientos, sentimientos y sensaciones, gracias, en definitiva, a la facultad creadora de la imaginación, la lectura permite uno de los más altos ejercicios de libertad individual, porque nos presenta, a los ojos de los demás, a cada uno de nosotros en el momento de escoger o decidir sobre una palabra, sobre un sentido, sobre un color, sobre un mundo al encontrarnos delante de un libro que, previamente, habremos escogido de entre la ingente producción de cultura escrita que siglos y siglos han ido elaborando. El gesto de la lectura, concretado en la mirada crítica de los lectores, no deja de ser una forma física e intelectual de ejercer la libertad, una de las formas en que los diferentes individuos del mundo occidental se han construido, en los últimos dos siglos y medio, en tanto que sujetos capaces de ejercer una mirada escrutadora hacia la vida.

[23] Ángel González, “Poética a la que intento a veces aplicarme”, en *Palabra sobre palabra*, Barcelona, Seix Barral, 1986, p. 291, vv. 10-12.

3. LA SINCERIDAD COMO VALOR ESTILÍSTICO
(La historia reciente de un concepto crítico)

> ERNEST. But what are the two supreme and highest arts?
>
> GILBERT. Life and Literature, life and the perfect expression of life.
>
> OSCAR WILDE
> *The critic as artist, I*

El poeta inglés nacido en Dublín, Thomas Moore, goza del privilegio de ser el autor romántico inglés que produjo las únicas obras líricas del siglo XIX, en sentido propio, entre muchas de las canciones que él escribió —que fue sin duda el género mejor adaptado a su talento. En la primera estrofa de uno de sus poemas el yo poético se dirige a la amada para reforzar su amor y le confiesa que aunque cambiase su belleza él seguiría adorándola. Éstos son, concretamente, los versos iniciales donde formula esta confesión.

Believe me, if all those Endearing Young Charms,
Which I gaze on so fondly to-day,
Were to change by to-morrow, and fleet in my arms
Like fairy-gifts, fading away![1]

[Créeme, si todos estos atractivos encantos juveniles,
que yo contemplo profundamente hoy,
fueran a cambiar mañana, y ligeros en mis brazos,
como regalos mágicos; consumiéndose lentamente.]

Para el propósito de este ensayo no me parece tan importante tener en cuenta el resto del poema, puesto que en estos cuatro versos

[1] Thomas Moore, "Believe me, if all those Endearing Young Charms", en John Hayward (ed.), *The Oxford Book of Nineteenth Century English Verse*, Oxford, Claredon Press, 1970 (1964), p. 212, vv. 1-4.

iniciales podemos advertir algunas de las características de la poética sentimental romántica, aunque de entre todas ellas quisiera hacer notar el acto de fe que pide la voz del poema a su amada. A pesar de lo efímero de la edad y de la vida, el protagonista del poema —que según las convenciones románticas del género lírico debemos identificar con el autor— demanda a su amada que crea en las palabras que le dirige y que expresan sus sentimientos hacia ella: por medio de la forma imperativa "*Believe me*" ["créeme"] intenta convencer al tú poético de la veracidad e invariabilidad de su amor. En este sentido bien podría decirse que nos hallamos ante una de las muestras de la efusión sentimental, propia de la lírica del siglo XIX, donde se exige la presencia de la sinceridad del yo figurado —que tiende a confundirse con el yo biográfico autorial—, hecho que provocó que esta categoría crítica se convirtiera en una de las marcas de la más alta calidad poética y literaria. Según M.H. Abrams, en el magno estudio que dedicó a la teoría romántica, *El espejo y la lámpara*, la palabra verdad era capaz de encubrir hasta cinco significados diferentes, el quinto de los cuales formulaba en los siguientes términos: "la poesía es verdadera en cuanto corresponde al estado de la mente del poeta: es 'sincera'".[2]

No obstante, con el paso de los años, el avance de los siglos y el cambio lógico en los usos literarios y en las convenciones estéticas, la naturaleza de los géneros literarios ha ido cambiando, juntamente con las formas de lectura de los lectores contemporáneos y posmodernos. Ya en 1933, en un artículo titulado "Matthew Arnold", T.S. Eliot estableció una clara diferencia entre el tipo de crítica que ejerció Arnold, y la nueva crítica que él llevaba a cabo, que partía de unos diferentes presupuestos de lectura. Así pues, Eliot llegó a describir sus impresiones de lectura al realizar la siguiente afirmación: "creo que gozo de la poesía de Shakespeare hasta el máximo de mi capacidad, pero no tengo la menor certeza de estar participando en sus sentimientos; ni me importa mucho saber si es así o no".[3] Si el lector contemporáneo de principios del novecientos ya no identificaba al autor real con su figuración literaria, debía permanecer indiferente ante la autenticidad de los sentimientos, y, por lo tanto, tampoco podía importarle demasiado la sinceridad poética: de esta forma ya no

[2] M.H. Abrams, *El espejo y la lámpara*, Barcelona, Barral Editores, 1975 (1953), p. 560.

[3] T.S. Eliot, "Matthew Arnold" (1933), en *Función de la crítica, función de la poesía* (trad. J. Gil de Biedma), Barcelona, Tusquets, 1999 (1939), p. 154.

podía utilizarse este concepto crítico que a lo largo del ochocientos había hecho tanta fortuna. Sin embargo, vemos cómo el cambio de perspectiva histórica y artística ha sabido rellenar el término sinceridad de otro contenido, habilitándolo para poder seguir utilizándolo en el ejercicio de la crítica, y para otorgar valor literario.

Debemos recordar que casi siempre que hablemos de sinceridad desde la contemporaneidad, nos estamos refiriendo a un concepto literario y artístico, forjado y difundido, principalmente, a lo largo del siglo XIX, y utilizado para designar la veracidad y, por lo tanto, excelencia, de las obras artísticas. Tengamos en cuenta que la estética romántica hizo recaer toda la fuerza creativa sobre el autor literario —concretamente el poeta—, que era concebido como un ser privilegiado por el hecho de poseer el don de la creación cuando se veía inspirado por un furor divino —el cual le permitía expresar sus sentimientos más poderosos mediante su genio, personal e inimitable. En este sentido, se debe apuntar que el programa estético romántico presenta una teoría creativa del arte, basada en la originalidad subjetiva del yo creador, que se manifiesta en aquella "voz interior" que se convierte en principio director de la creación artística, tal y como apuntó el pintor Caspar David Friedrich: "¡Sigue la voz interior y acepta lo que te dice, y deja para los otros lo que a ellos les parezca justo, o no atiendas a nada de todo eso, pues no todo es para todos!"[4] El narrador y dramaturgo alemán Heinrich von Kleist también fue uno de los defensores de esta idea subjetiva del arte, que debe ser útil para revelar la interioridad del creador, en la "Carta de un joven poeta a un joven pintor" (1810), al recomendar a los artistas que "¡la tarea no es ser otro, sino vosotros, hacer visible por el dibujo y los colores lo más propio e íntimo de vosotros!"[5] Por lo tanto, la mejor forma de demostrar que el artista ha triunfado en su propósito es considerar sincera a la obra de arte, porque, precisamente, ha revelado de manera auténtica aquello más propio de su carácter y su genio artístico.

En una época de *Poesía y verdad* —como diría Goethe en el título de su libro—, el genio creador del poeta "busca la verdad" por enci-

[4] Caspar David Friedrich, "La voz interior...", en Javier Arnaldo (ed.), *Fragmentos para una teoría romántica del arte*, Madrid, Tecnos, 1994 (1987), p. 53.

[5] Heinrich von Kleist, "Carta de un joven poeta a un joven pintor" (1810), en Javier Arnaldo (ed.), *op. cit.*, p. 92.

ma de todo, y tal y como comenta William Wordsworth en el capítulo XIII de *El preludio*:

> *'tis mine*
> *To speak, what I myself have known and felt;*
> *Smooth task! for words find easy way, inspired*
> *By gratitude, and confidence in truth.*[6]

> [me toca a mí
> hablar, de qué he sentido y conocido;
> ¡agradable tarea! porque las palabras encuentran camino fácil, inspiradas
> por la gratitud, y la confianza en la verdad.]

Parece más que claro que la única forma de hablar de las experiencias que una persona ha vivido debe ser sinceramente, confiando en la inspiración que guía a la lengua del escritor. No obstante, estos versos no constituyen el único pasaje en que el poeta de los lagos habla de este término que ocupa nuestra reflexión; en este sentido debemos atender a uno de los textos críticos que redactó, concretamente al titulado *Un ensayo sobre los epitafios*, en el cual apunta la principal función de este género lírico: consiste en dar a aquellas verdades universalmente aceptadas una salida y una expresión que harán que las readmitamos dentro del alma como revelaciones del instante. Para conseguir este objetivo, el poeta deberá mostrar un "duelo sincero" y "dar pruebas de estar conmovido"[7] en cada epitafio, ya que las sensaciones de los lectores y los juicios críticos dependen de la opinión que se extraiga del estado afectivo del escritor.

Desde entonces, el término sinceridad sería utilizado por la crítica en sentido positivo a lo largo del siglo XIX; así, por ejemplo en el último tercio del ochocientos podemos ver cómo Walter Pater, uno de los grandes críticos ingleses de la época victoriana, dedicó un artículo al poeta Dante Gabriel Rossetti, y en el largo párrafo inicial de aquel ensayo ensalzó la sinceridad del poeta —oponiéndose a la opinión que venía de expresar recientemente John Ruskin, cuando denunció la falta de esta cualidad como pintor del artista prerrafae-

[6] William Wordsworth, *The prelude* (§ XIII), en *The works of William Wordsworth*, Cumberland House, Wordsworth Editions, 1994, p. 740, vv. 12-15.

[7] *Apud.*, René Wellek, *Historia de la crítica moderna (1750-1950). Vol. II: El romanticismo*, Madrid, Editorial Gredos, 1962 (1955), p. 159.

lita. Pater creía que la sinceridad era una virtud que Rossetti poseía, juntamente con el grupo de artistas-artesanos que él mismo encabezaba, y que ofrecían una rigurosa y perfecta propuesta, partiendo de una franca sinceridad que se aliaba inmediatamente con una seria belleza. Claro está que en la misma época, sería otro crítico inglés el que iba a utilizar el concepto de sinceridad con un significado ligeramente diferente del que la inmediatez confesional romántica le había atribuido: estamos hablando de Matthew Arnold. Su artículo titulado "El estudio de la poesía" (que en su primera edición de 1880 sirvió de introducción a una antología titulada *Los poetas ingleses*), al tener que hablar del poeta escocés de la segunda mitad de siglo XVIII, Robert Burns, constituye una de las pocas ocasiones en que el crítico inglés utilizó el término sinceridad: si bien nos indica en este prólogo que hallamos al auténtico Burns reflejado en sus poemas de temática escocesa —mucho más que en sus obras inglesas—, apunta que hay otras de sus piezas que también hablan de la bebida y que son del todo insatisfactorias porque, en vez de asumir un "acento de sinceridad" —el estilo próximo y franco de la poesía báquica o goliárdica—, parece que exista algo "que nos hace sentir que el hombre que nos habla no lo está haciendo con su verdadera voz; algo, por lo tanto, insano poéticamente".[8] Matthew Arnold, que al hablar de la poesía de William Wordsworth dijo que "la poesía es en el fondo una crítica de la vida",[9] afirma en el caso de la poesía de Burns que para conseguir un gran éxito poético se requiere mucho más que la poderosa aplicación de ideas de la vida: hace falta que esta aplicación siga las condiciones fijadas por las leyes de la verdad y la belleza poéticas, las cuales determinan como condición esencial una alta seriedad, "la alta seriedad que deriva de la sinceridad absoluta".[10] Pero como se desprende de su discurso crítico, el también poeta inglés todavía posee una idea de la creación poética demasiado teñida de la concepción romántica (que ligaba inspiración, subjetividad poética y sinceridad), por ello denuncia que en determinados pasajes poéticos no se percibe la propia personalidad del autor escocés, porque "la voz de estos versos no sale del alma más profunda del verdadero Burns; no nos habla en ellos desde esas profundidades; se halla pre-

[8] Matthew Arnold, "El estudio de la poesía" (1880), en *Poesía y poetas ingleses*, Buenos Aires, Espasa-Calpe, 1950, p. 47.

[9] *Ibid.*, "Wordsworth", p. 70.

[10] *Ibid.*, "El estudio de la poesía" (1880), p. 49.

dicando, más o menos".[11] De esta forma se puede comprobar cómo, a pesar del escaso uso que el crítico inglés más importante de fines del ochocientos hace del término sinceridad, sigue aplicando la misma concepción romántica, puesto que este concepto "con persistentes implicaciones morales y caracteriológicas, se convirtió —como apuntara M.H. Abrams— en la prueba favorita de la virtud literaria en la era victoriana".[12]

No obstante, a lo largo del siglo XIX —y casi paralelamente al ejercicio de la crítica que practicó Arnold— se produjo un cambio en la poesía lírica, y en los grandes géneros literarios de aquel entonces: Alfred Tennyson, primero, y Robert Browning, después, fueron concibiendo el poema lírico subjetivo, de expresión confesional del creador, como un monólogo dramático, intentando aproximar la poesía al drama, y fracasando al tratar de alcanzar uno de los grandes ideales románticos, que fue el de producir un drama poético sublime. Incluso el mismo Arnold observó en su ensayo dedicado a Wordsworth que al ir avanzando el siglo la influencia y la popularidad lectora de la obra del poeta de los lagos fue disminuyendo a favor de nuevos poetas:

> la boga, la atención y el aplauso del gran cuerpo de lectores de poesía, quizá nunca del todo suyos, los fue perdiendo más y más y Tennyson los fue ganando. Tennyson atrajo a sí y apartó de Wordsworth al público lector de poesía y a las nuevas generaciones. Incluso en 1850, cuando murió Wordsworth, esta disminución de popularidad era visible.[13]

Hasta el punto que, a finales de aquel siglo, Arnold constataba que la disminución de la popularidad de Wordsworth había continuado. De todos modos, el hecho de que la novela realista y naturalista se fuera convirtiendo, poco a poco, en el gran género burgués de la segunda mitad de la centuria iba también a repercutir sobre el discurso crítico, puesto que a partir de entonces los textos literarios se convierten en el reflejo social, histórico y biológico del carácter, con lo cual a los creadores se les va a demandar que ofrezcan una buena fotografía de su sociedad, y que sus narradores adquieran la distancia y rigor del positivismo que por entonces imperaba, por medio de la

[11] *Idem.*
[12] M.H. Abrams, *op. cit.*, p. 564.
[13] Matthew Arnold, "Wordsworth", en *op. cit.*, p. 57.

omnisciencia. En esos momentos se sustituye la estética creadora e individualista romántica por un método mucho más científico, y parecería un anacronismo que aún se reivindicara plenamente la sinceridad como un valor artístico.

Este cambio de paradigma crítico y literario, que conllevó esta progresiva desaparición de la sinceridad como término artístico de primer orden, tuvo un punto de inflexión a mediados del ochocientos en Francia —país donde el romanticismo entró tardíamente debido a su gran tradición neoclásica e ilustrada, y a la importancia que prontamente tuvo la realista estética burguesa— por parte de Charles Baudelaire. Aunque bien es sabido que la modernidad en poesía empezó con *Las flores del mal* (1857), la crítica literaria moderna también debería agradecer el oficio que Baudelaire ejerció de crítico de arte, tanto literario como pictórico. De todas formas, si de sinceridad debemos hablar quisiera hacer referencia a *El salón de 1846*, donde el poeta francés dedicó un capítulo a reflexionar sobre la función de la crítica. En estas páginas tituladas "¿Para qué la crítica?" defiende una crítica poética, realizada por otra obra de arte, aunque sea consciente que estas "poéticas" están destinadas a las antologías o bien a los lectores poéticos; por esta razón describe cómo debiera ser la crítica *sensu stricto*: "para ser justa, es decir, para tener razón de ser, la crítica debe ser parcial, apasionada, política, es decir, hecha desde un punto de vista exclusivo, pero desde el punto de vista que abre el máximo de horizontes".[14] Baudelaire aboga por un individualismo por parte del crítico literario, capaz de juzgar desde su punto de vista, para así poder abrir una nueva perspectiva en la observación de la obra de arte, pero suponiendo un subjetivismo bien ejecutado por parte del artista, y ahí es donde entra en juego un nuevo concepto de sinceridad. El crítico pictórico debe "exigir al artista la ingenuidad y la expresión sincera de su temperamento, ayudada por todos los medios que le proporciona su oficio",[15] de suerte que el genio romántico se ve domeñado por el oficio, y aquel desborde espontáneo de sentimientos recordados en tranquilidad —que rezaba la máxima wordsworthiana— halla un cauce en forma de técnica artística.

Por así decir, en un siglo se pasó de la estética de la inspiración y de la sinceridad espontánea, de una dictadura del ingenio, a una idea

[14] Charles Baudelaire, *El salón de 1846*, Valencia, Fernando Torres-Editor, 1976, p. 98.

[15] *Idem.*

de la creación artística basada en el justo medio entre *ars* e *ingenium* —para recuperar las polaridades horacianas—, donde la sinceridad sigue teniendo un gran protagonismo, aunque no para expresar la irreflexiva voz del alma sino para mostrar que el temperamento individual consigue mostrarse a pesar de los materiales, las formas y los géneros artísticos. De todas formas, Baudelaire no es un innovador en este aspecto, y retoma una línea de pensamiento que arranca desde la segunda mitad del siglo XVIII, donde destaca la opinión de uno de los padres del romanticismo, como lo fue Johann W. Goethe, quien en una de sus *Conversaciones con Eckermann* indicó que "la mayoría de poetas jóvenes [...] fallan de manera casi única en el hecho que su subjetividad no es lo suficientemente importante y en las cosas objetivas no saben escoger el material adecuado. En el mejor de los casos optan por un material que les sea semejante, que diga algo a su subjetividad; pero, escoger el material por él mismo, porque sea en él mismo poético, aun en el caso que el tema sea contrario al sujeto, es algo en que no se puede pensar."[16]

No obstante, el gozne perfecto entre el pensamiento crítico de Baudelaire, de mediados de siglo XIX y las nuevas propuestas críticas y literarias del nuevo siglo debemos emplazarlo a finales del ochocientos, y lo encontraremos en la obra de un autor inglés que se vio fuertemente influido por el esteticismo simbolista finisecular francés. Me estoy refiriendo a Oscar Wilde, quien reflexionó literariamente sobre la importancia de ser franco en *The importance of being Ernst* (1895) —para jugar con el doble sentido del título inglés—, y sobre la verdad y la mentira de las apariencias en unos personajes que juegan a representar unos papeles diferentes, según se hallen en el campo o en la ciudad. De todas formas, hallamos resumida la actitud del dramaturgo hacia sus personajes en uno de los diálogos que encabezan el tercer acto de este drama; en ese preciso instante de la acción Cecily pregunta a Algernon —a quien se dirige como Mr. Moncrieff— por qué se ha hecho pasar por hermano de su tutor, a lo que él responde que para conocerla, respuesta que convence a Cecily Cardiew por parecerle ingeniosa, pero que no resulta muy creíble a la honorable Gwendolen quien acaba dando la razón a la joven alegando que "en cuestiones de cierta gravedad lo que importa es el estilo. La since-

[16] J.-P. Eckermann, *Converses amb Goethe* (24/IX/1824) (trad. J. Bofill i Ferro), Barcelona, Columna, 1994, p. 129.

ridad es lo de menos."[17] La estética de verdad romántica ha sido intercambiada por una nueva teoría de las apariencias de realidad, es decir, asistimos una vez más a la sustitución de la veracidad platónica por la verosimilitud aristotélica, y al igual que defendía Baudelaire, hay un intento por separar el estilo de la sinceridad, dando preeminencia al primer término, por encima del segundo.

De igual forma, en el epígrafe incial de este capítulo encontramos unas palabras que intercambian los dos personajes, Ernst y Gilbert, que intervienen en el primer diálogo platónico que escribió Wilde y que tituló *El crítico como artista, I* (1891), donde Ernst pregunta cuáles son las artes más altas, a lo que Gilbert —el portavoz del pensamiento del escritor— responde "la vida y la literatura, la vida y la expresión perfecta de la vida".[18] De esta afirmación cabe inferir que Wilde creía que la vida en estado puro era inexpresable, y que no podía constituir literatura en ella misma, sino que la mejor expresión de la realidad era la literatura, es decir, la estilización de la sinceridad, de la personalidad del artista. No podría darse un pensamiento contrario en el autor que hizo célebre aquella máxima que se iba a convertir en célebre desde que la publicara en *The decay of lying* [*La decadencia de las mentiras*, 1889]: "la vida imita el arte mucho más que el arte imita la vida",[19] porque "la literatura siempre anticipa la vida. No la copia sino que la moldea a su gusto."[20] Desde esta perspectiva, la literatura deja de depender directamente de la verdad del individuo, y pasa a ser observada como ensayo o simulacro de realidad, puesto que a partir de estos momentos se va a pedir al arte que posea estilo, debido a que "no hay arte donde no hay estilo, y no hay estilo donde no hay unidad, y la unidad es propia del individuo".[21] Aunque bien es cierto que Wilde, como ya hemos visto anteriormente en *La importancia de llamarse Ernesto*, empezó a ser consciente de que hay una gran diferencia entre el centro de la personalidad del individuo y la multitud de comportamientos dispa-

[17] Oscar Wilde, *Un marido ideal. La importancia de llamarse Ernesto*, Barcelona, Planeta, 1989, p. 183.

[18] Oscar Wilde, *El crítico como artista. Ensayos*, Madrid, Espasa-Calpe, 1968 (1946), p. 25.

[19] Oscar Wilde, *The decay of lying*, en *Selected Writings*, Londres, Chancelor Press, 1985 (1961), p. 21.

[20] *Ibid.*, p. 23.

[21] Oscar Wilde, *El crítico como artista*, p. 33.

res que éste puede llegar a encarnar a lo largo de su vida, tal y como cuenta Vivian, el *alter ego* literario de Wilde en el diálogo platónico *La decadencia de las mentiras,* al referir a Cyril que en 1879 conoció a una mujer que "parecía no tener personalidad, sino simplemente la posibilidad de representar muchos tipos", hecho que provocaba que "fuera una especie de Proteo".[22]

A lo largo de los últimos años del siglo XIX, vemos que Wilde reflexiona a propósito de la sinceridad, la personalidad y la multiplicidad de papeles que el individuo es capaz de representar, estableciendo una correlación entre sinceridad y expresión de la interioridad de las personas, puesto que admite que "toda creación artística es absolutamente subjetiva" ("nunca podemos salir de nosotros mismos, ni puede haber en la creación algo que no haya estado en el creador"),[23] pero admitiendo que se trata de una cuestión de estilo, de verosimilitud, porque la auténtica "diferencia entre la obra objetiva y la subjetiva radica únicamente en la forma externa",[24] es decir, en la presentación lingüística y formal. Como seguirá argumentando el personaje de Gilbert en *El crítico como artista, II,* podemos detectar en sus palabras un cambio de sensibilidad respecto a la abundancia de sentimentalidad propia del romanticismo: deja de importar la expresión sincera de la interioridad del poeta, para defender que "cuanto más objetiva parece una creación tanto más subjetiva es en realidad",[25] provocando que conceptos como los de estilo y forma tomen una notable relevancia al valorar las obras de los decenios venideros.

En los albores de la nueva centuria el peso del siglo anterior será decisivo para cualquier planteamiento literario o crítico; todo exceso de efusión sentimental romántica va a tender a ser suprimido u objetivado, y una de las intervenciones del personaje de Gilbert, de *El crítico como artista, II,* se va a convertir en norma literaria para la primera mitad del novecientos: "la forma objetiva es la más subjetiva en su materia. El hombre deja de ser en parte él mismo cuando hablaen su propio nombre. Dadle una máscara y os dirá la verdad."[26] Pocos años después de este diálogo un joven y precoz poeta vienés, Hugo von Hofmannsthal, dictaría una conferencia titulada "Poesía y vida"

[22] Oscar Wilde, *The decay of lying,* pp. 24-25.
[23] Oscar Wilde, *El crítico como artista, II,* pp. 78-79.
[24] *Ibid.,* p. 78.
[25] *Ibid.,* p. 79.
[26] *Idem.*

(1896) donde definitivamente expulsó la vida de la poesía, al mantener que había llegado el momento en que el lector debía "perder la costumbre de pedir que se escriba con tinta roja para hacer creer que se escribe con sangre",[27] y debía buscar el género del confesionalismo en las memorias y no en las poesías, dado que a partir de entonces pedía para los poetas "que se nos deje ser artistas en palabras, como otros lo son en piedras blancas y de colores, en bronce batido, en tonos musicales puros o en la danza. Que se nos alabe por nuestro arte."[28]

Por esta razón, a lo largo de toda la contemporaneidad, la poesía no sólo va a poder ser expresada por una voz primera subjetiva, de herencia romántica, que es la voz "del poeta hablando consigo mismo, o con nadie",[29] tal y como indicara T.S. Eliot en "Las tres voces de la poesía" (1953), ensayo incluido en *Sobre la poesía y sobre los poetas.* Medio siglo de ejercicio literario, y concretamente poético, van a enseñar al crítico angloamericano que en ningún momento puede plantearse la sinceridad del poeta contemporáneo en los mismos términos en que lo había hecho la crítica del ochocientos, entre otras cosas porque los sentimientos del poeta se han objetivado detrás de una máscara (W.B. Yeats), de un correlato objetivo (T.S. Eliot), de un monólogo dramático (T.S. Eliot), o bien detrás de un poeta ficticio, que tanto puede llamarse complementario (Antonio Machado) como heterónimo (Fernando Pessoa). Puede que éste sea el principal motivo por el cual muestra tanto desprecio hacia la sinceridad en uno de los artículos incluidos en sus *Selected essays,* donde indica que "la sinceridad me parece un problema psicológico que no tiene importancia desde el punto de vista de la crítica. La intensidad de las creencias no tiene ninguna relación con lo artísticamente logrado."[30] Así pues, a la hora de dictaminar las otras dos voces de la poesía existe un distanciamiento entre el centro del sentimiento del poeta y su material artístico, dado que

la segunda es la voz del poeta que se dirige a un auditorio, grande o pequeño. La tercera es la voz del poeta cuando intenta crear un personaje dramático

[27] Hugo von Hofmannsthal, "Poesía y vida" (1896), en *Instantes griegos y otros sueños,* Valladolid, Cuatro ediciones, 1998, p. 32.

[28] *Ibid.*, p. 31.

[29] T.S. Eliot, "Las tres voces de la poesía" (1953), en *Sobre la poesía y los poetas,* Buenos Aires, Sur, 1959 (1957), p. 89.

[30] *Apud.*, René Wellek, *Historia de la crítica moderna (1750-1950). Vol.* v: *Crítica inglesa (1900-1950),* Madrid, Editorial Gredos, 1988 (1986), p. 312.

que hable en verso; la del poeta cuando no dice lo que diría en persona, sino sólo lo que puede decir dentro de los límites fijados por un personaje imaginario que se dirige a otro personaje imaginario.[31]

La identificación del centro del sentimiento del autor con las emociones expresadas en la obra literaria va disminuyendo, como hemos visto, a causa del acercamiento que durante la segunda mitad del siglo XIX tuvo la poesía al drama (mediante las obras de Tennyson y de Browning, gracias a la elaboración de monólogos dramáticos que interponían un personaje hablando entre el autor y el lector),[32] y del hecho de que se intensificara, difundiera y normalizara el consumo de narrativa realista, convirtiéndose, progresivamente, pero con más intensidad a medida que avanzó la centuria, en el género más importante y de consumo más amplio. Si Wilde reivindicaba el estilo literario como estilización perfecta de la realidad que permitía su expresión, y Hofmannsthal disociaba poesía y vida para reivindicar un arte hecho de palabras, y cambian las convenciones de lectura porque nuevas son las formas literarias de más éxito, el ámbito de la crítica también experimentará un giro hacia el formalismo, después de algunos años de férreo positivismo e historicismo —coincidiendo con los decenios finales del ochocientos, en que la novela realista y naturalista gozó de máximo esplendor.

Fijémonos por un momento en el título de un volumen publicado en Italia en 1902, *Estética como ciencia de la expresión y lingüística general*: la estética, es decir, la parte de la filosofía encargada de estudiar las sensaciones y los objetos que las producen es una ciencia de la expresión, es un intento por analizar "empíricamente" la expresión de unos sentimientos intuidos por parte de un creador, pero dando una preeminencia a las palabras que utiliza para tal formulación de su interioridad. El pensamiento de Hegel, Vico y De Sanctis se deja percibir en aquella primigenia *Estética* de Benedetto Croce, a quien le preocupa mucho más la forma que el fondo de las obras de arte, aunque entienda que la obra de arte es una intuición de lo particular del individuo que se materializa lingüísticamente en la poesía, y en la literatura en general. De todas formas, este incipien-

[31] T.S. Eliot, "Las tres voces de la poesía", en *Sobre la poesía y los poetas*, p. 89.

[32] Como demuestra perfectamente el siguiente estudio que tuvo una influencia determinante sobre la poesía de la segunda mitad del siglo XX: Robert Langbaum, *La poesía de la experiencia*, Granada, Comares, 1996 (1957).

te subjetivismo sería reformulado en su *Breviario de estética* (1913), donde seguiría ocupándose de las relaciones existentes entre la intuición espiritual y su expresión formal; en su concepto de obra de arte se percibe aún un individualismo romántico que en este caso se convierte en autonomía artística, al concebir cada pieza artística "como una criatura viva, individual e incomparable [que] tiene su ley individual y su valor pleno e insustituible".[33] Convencido de que se puede separar el contenido de la forma, Croce explica que "el contenido está formado y que la forma está llena, que el sentimiento es sentimiento figurado y la figura, figura sentida"[34] y postula una estética de la intuición que llama "Estética de la forma", donde relata la génesis de la obra de arte: ésta parte de una intuición lírica e individual del artista donde se "expresa un estado de alma [que] es individual y siempre nuevo",[35] y al que debe corresponder una expresión individual, pero que se ajusta a la personalidad que la ha creado y la acoge.

Insertos ya en un espíritu del tiempo diferente, el del nuevo siglo XX, pronto encontramos en el ámbito peninsular un autor, Carles Riba, que se apropió de este concepto de sinceridad, y que constantemente lo aplicó a la problemática de una creación literaria que aún se hallaba muy influida por los planteamientos románticos. De todas formas, fue otro poeta catalán, Josep Carner —autor de uno de los más importantes poemas narrativos contemporáneos, *Nabí* (1941)—, quien advirtió ya en 1913, en un artículo titulado "La dignidad literaria", que el tema de la sinceridad lírica había sido muy importante para esta literatura en la etapa modernista, ya que "a las exageraciones parnasianas Joan Maragall opuso el iluminismo religioso de la palabra viva". En este mismo texto, Carner aprovecha para expresar su punto de vista estético al respecto, alejado de las propuestas extremas y sentimentalistas, y casi influido por un justo medio de raíz horaciana y goetheana que se desprende de las siguientes palabras: "la espontaneidad es un deber en el artista, el esmero también. La solución es fácil de encontrar: hace falta trabajar indefinidamente en las tareas elementales de educación literaria. Se deben rehacer indefinidamente las facultades mediante continuos ejercicios primarios

[33] Benedetto Croce, *Breviario de estética*, Buenos Aires, Espasa-Calpe, 1938 (1913), p. 63.

[34] *Ibid.*, p. 49.

[35] *Ibid.*, p. 63.

[...] con una cierta insistencia la habilidad adquirida se hace naturaleza, y la espontaneidad florece maravillosamente."[36]

También Carles Riba —autor de una poesía cercana al postsimbolismo y de una crítica relacionada con la estilística vossleriana— a lo largo de su obra utilizó en muchos momentos el término de sinceridad, pero desde un punto de vista antirromántico, puesto que no se puede esperar una actitud diferente del pensamiento de alguien que es capaz de afirmar que "la personalidad del poeta no importa tanto como la de cada uno de sus poemas".[37] En el mismo cuaderno de notas que contiene esta máxima hallamos una reflexión que sorprende por su contundencia, "no hay sinceridad sino en la *Caritas* —o en la pasión",[38] reservando el concepto de sinceridad para la experiencia religiosa o amatoria. Esta negación de la sinceridad no va a sorprender al lector de la obra de Riba que tiene presente la respuesta que dio este autor a una encuesta realizada por *La Revista*, en 1925, a propósito de la naturaleza de la inspiración creadora, donde plantea el "problema de la relación entre sinceridad moral y sinceridad artística"[39] y añade que si nos "podemos confesar ante Dios, incluso el día supremo, en la más prosaica de las prosas", ya no podemos reservar el carácter sincero exclusivamente a la poesía, así pues, "la lírica no tendrá valor de confesión sino en proporción de la claridad que ha hecho el poeta sobre el contenido de su conciencia y en proporción de la plenitud de sentido preciso y de fuerza sugerente que ha puesto dentro de su palabra, es decir, relativamente al grado de perfección artística que ha sabido dar a su poesía".[40]

Años después, cuando Riba publicó en castellano su *Obra poética* (1956), confeccionó una carta en forma de prólogo, "D'una carta a Paulina Crusat", y aprovechó la ocasión para volver a tratar el tema de la creación literaria, que tanto le acució a lo largo de su vida y de su poesía. En esta epístola habla de cómo el poeta Joan Maragall se apropió de un salmo, "He creído y por eso he hablado", para descri-

[36] Josep Carner, "La dignitat literària" (1913), en *El reialme de la poesia* (ed. N. Nardi y I. Pelegrí), Barcelona, Edicions 62, 1986, pp. 129-130.

[37] Carles Riba, *Carnet de notes*, en *Obres Completes*, II. *Assaigs crítics*, Barcelona, Edicions 62, 1967, p. 863.

[38] *Ibid.*, p. 864.

[39] *Ibid.*, "Resposta a una enquesta sobre la psicologia de la poesia lírica" (1925), p. 782.

[40] *Idem.*

bir el modo que utilizaba para escribir su poesía de "palabra viva" y expresión inspirada, confundiendo la palabra con un acto; "pero al mismo tiempo y por esta razón acaba de implicar su poesía —toda poesía— en el conflicto entre la espontaneidad y la sinceridad. Es el propio de toda alma rica y móvil."[41] Riba achaca a Maragall que confunda estas dos categorías, dado que esta poca perspicacia del poeta modernista impidió que pudiera alcanzar un éxito poético mayor —e incluso llegó a producirle desequilibrios psicológicos—, cuando una búsqueda artística de la sinceridad lo hubiera alejado de la inspiración inmediata y su alma rica hubiera madurado en forma de fruto rotundo; para ello sólo se requería "una fe más viva del poeta en su mester".[42] Tengamos en cuenta que dos años antes, en otro prólogo, titulado "Nota preliminar a l'*Antologia poètica* de Joan Maragall", ya aludió a los problemas con que se encontró Maragall para poder expresar su genial espontaneidad a pesar de una falta de tradición y de lenguaje normativizado o literario, que hacen que "en cada línea que escribió [acuse] un esfuerzo tan desorientado como se quiera, pero no obstante sincero, de hombre de oficio literario".[43] Una vez más volvemos a ver cómo Riba separa la sinceridad del confesionalismo literario, y la une al oficio del escritor, a los conocimientos técnicos que pueda poseer el poeta para traducir el contenido de su alma.

Lejos quedaba el segundo decenio de este siglo, aquel 1918, cuando el poeta y crítico catalán publicó un ensayo titulado, significativamente, "Sinceritat i literatura", y que empezaba proponiendo, en unos términos muy propios de la estética crociana y vossleriana, la siguiente ecuación: "espíritu es creación [...]. Creación es expresión poética; y expresión es forma."[44] De suerte que Riba mantiene que la única manera de presentar literariamente el espíritu es por medio de una forma expresiva, es decir, para que dure siempre firme es necesario "el espíritu en su objetivación", pero para que esta transformación de lo efímero e intangible hacia lo eterno visible resulte exitosa debe basarse en la sinceridad.

Una sola condición hace falta: la sinceridad. Y notamos aquí la profunda lección que nos ofrece la semasiología catalana; el "*sincerus*", el "puro", de

[41] *Ibid.*, "D'una carta a Paulina Crusat" (1956), pp. 649-650.
[42] *Ibid.*, p. 650.
[43] *Ibid.*, "Nota preliminar a l'*Antologia poètica* de Joan Maragall" (1954), p. 546.
[44] *Ibid.*, "Sinceritat i literatura" (1918), p. 64.

buena fe, sin mezcla, ha ido a parar al "entero" ["sencer"], el "todo, en todas sus partes".

La forma, para durar eterna, quiere más todavía que la pureza: quiere la integridad del espíritu creador. Ella puede darse, no obstante, en un momento solo de su fluir [...].

Intelectualismo sutil, juego de conceptos, sensualidad pomposa, retórica sonora y sabia —todo esto es arcilla. Hacen falta las manos que modelen: hace falta todo el espíritu en el soplo que vivifica.[45]

Riba recuerda el origen etimológico del término "sinceridad" en catalán (el cual conteniene un sincretismo entre lo puro, de buena fe, y aquello entero e íntegro) para advertir este estado de sincera plenitud en la literatura cuando el espíritu logre objetivarse a través de una forma, que muy a menudo la misma obra escoge —como defiende en tanto que poeta en el "Prólogo" a su libro *Esbós de tres oratoris* (1957). A pesar del azar o la irracionalidad aparentes, en el mismo texto de reflexión creadora aducirá lo siguiente: "será siempre desde este respeto al impulso germinal de la idea que el artista mejor se garantizará los medios que le son más propios y de los cuales más soberanamente podrá disponer para ser él mismo, simple y directo, en su obra".[46] Inmediatamente después de haber escrito estas palabras se da cuenta que "roza la terrible cuestión de la sinceridad", pero decide esquivarla; no sin antes indicar que la gran pretensión del artista es mostrarse en su subjetividad a través de una forma adecuada, "que es eso que únicamente hace falta y que más cuesta; no asequible, en todo caso, sino en la medida en que se dominen los artificios del arte".[47]

La crítica literaria de Carles Riba que había sido sensible al cambio contemporáneo que se había producido en la poesía y en la crítica, al concebir la sinceridad como un rasgo del más perfecto estilo de los autores, no había de pasar inadvertida al crítico y poeta catalán Gabriel Ferrater. Conocedor de la poesía de Carner y de Riba —sobre la que dictó diversas conferencias— e introductor de la estética contemporánea de herencia inglesa en la poesía catalana, Ferrater es más conocido hoy en día como compañero de generación poética de Jaime Gil de Biedma y Carlos Barral —aunque el autor de Reus nació

[45] *Idem.*

[46] Carles Riba, "Pròleg a *Esbós de tres oratoris*" (1957) a *Sobre la poesia i sobre la meva poesia* (ed. E. Sullà), Barcelona, Empúries, 1984, p. 45.

[47] *Idem.*

en 1922— que como crítico inteligente y perspicaz, a pesar de sus más de cinco libros de crítica pictórica y literaria —y otros tantos textos aún inéditos— que fueron publicados mucho después de su muerte en 1972. Quien se dirija casualmente a algunos de los informes editoriales que Gabriel Ferrater compuso para la editorial alemana Rowohlt Verlag en poco más de un año, entre mediados de 1963 y finales de 1964, y encuentre que el crítico español utiliza el concepto crítico de la sinceridad puede pensar que se trata de una casualidad. Pero a quien tenga suficiente conciencia de la transformación que se ha operado en esta categoría crítica a lo largo de dos siglos —como hemos podido ver—, puede picarle la curiosidad observar qué uso hace de tal término.

Sin duda, si algún lector halla el informe que dedica a una *nouvelle* poética francesa titulada *Le Temps d'un souspir*, de Anne Philippe (protagonizada por un narrador femenino que, durante la lenta agonía de su marido, rememora líricamente algunos instantes de su relación con él), y topa con una afirmación de Ferrater donde indica que la obra "vibra con un nervio de sinceridad",[48] puede considerar que posee un concepto de sinceridad que no traiciona demasiado el programa romántico. Pero nada más alejado de la voluntad ferrateriana que llegar a esa suposición, dado que tras indicar que es una obra poco original y demasiado azucarada —va a afirmar que "el azúcar se ha administrado con el cucharón más grande"—,[49] el autor de Reus supone que no se va a convertir en un *best-seller*, pero sí quizás en "un pequeño clásico para los sentimentales",[50] con lo cual el uso romántico del concepto de sinceridad sólo podemos achacarlo y circunscribirlo al género de la obra en cuestión. No obstante, para poder determinar el empleo que Ferrater hace de este término cabe hallar otro pasaje que sirva de contraste, donde se confirme o se desmienta su aplicación ingenua; y éste lo encontramos en la noticia que va a componer sobre una novela de Schichiro Fukazawa, titulada *Narayama*, sobre la cual opina lo siguiente:

> Fukazawa habla sencillamente sobre el campo, el eterno campo de los campesinos. Recreándolo con tal sinceridad, obviamente abochorna la idealiza-

[48] Gabriel Ferrater, "Anne Philippe, *Le temps d'un souspir*" (15/XI/1963), en *Noticias de libros*, Barcelona, Península, 2000, p. 149.

[49] *Idem*.

[50] *Idem*.

ción idílica de la literatura eglógica. Pero abochorna asimismo la novela de labriegos naturalista: cuenta la verdad tan bien o mejor, pero extrae de ella un arte espléndido.[51]

Una primera lectura de este fragmento puede delatar una de las características que Ferrater une a la sinceridad, y ésta no es otra que la sencillez —líneas más adelante va a decir que es una obra muy sencilla—, pero lo que se trata de descubrir es si es simple naturalmente, o si hay una pretensión por parecerlo. Pero sólo se precisa una lectura atenta del inicio del informe editorial, donde describe la novela, para disipar toda duda existente: "éste es un relato que debería desconcertarnos. [...] narra con una fingida exactitud, lo que es sólo una máscara para el desarrollo imaginativo más profundo, algo sobre las costumbres, las personas y las canciones de otro país, un segundo Japón, todavía más lejano que el primero."[52] Un autor a quien se le atribuye fingimiento y la utilización de una máscara para narrar una historia, no puede ser calificado de sincero, a menos que se haga un uso contemporáneo del término, principalmente si esa sinceridad es un subterfugio formal para extraer el arte de la verdad misma. El crítico catalán anota sus impresiones de lectura y confiesa que "leer el relato es, pues, como descifrar un sueño", al parecer porque la realidad se nos presenta premeditadamente disfrazada y estilizada; el exceso de ridícula sinceridad que abochorna al lector se nos deja patente al indicar que lleva hasta el extremo dos géneros literarios históricos que se han basado en la sinceridad directa, sin mediaciones: las églogas y la novelas naturalistas. En este sentido, Ferrater aboga por la verosimilitud, más que por la verdad, puesto que aquélla muestra mucho mejor la verdad de la vida humana, y además lo hace artísticamente.

Sólo dos meses antes, en otro informe editorial para Rowohlt Verlag, volvemos a encontrarnos con una misma actitud respecto al término sinceridad —atribuido a algunas obras del mismo autor—, donde se vuelve a poner en relación el trabajo formal del escritor con la expresión de un contenido subjetivo. Ferrater respetaba el trabajo de Louis Guilloux, pero le resultaba un poco molesto el populismo de *La maison du peuple* y de *Compagnons* —obras sobre las que debía for-

[51] *Ibid.*, "Schichiro Fukazawa, *Narayama*" (18/XI/1963), p. 114.
[52] *Ibid.*, p. 113.

mular su opinión—, al pretender trazar "un retrato fiel de las formas y condiciones de vida de los trabajadores franceses"; por ello Ferrater acaba concluyendo, al hablar de sus obras, que "el resultado compensa a menudo la sinceridad puesta en el trabajo y el autor esquiva el peligro de atascarse en el mero informe y de dirigirse sólo a círculos confesionales".[53] A la luz de este párrafo, podemos ver cómo el crítico catalán nos advierte de los riesgos de la comunicación directa, ni literaturizada ni formalizada, de un contenido imaginativo: puede llevar al mero informe o a la seducción de aquellos cenáculos que comparten un mismo punto de vista o una misma ideología. Cabe entender que Guilloux ha conseguido alejarse, mediante un "resultado" estilizado, de una sinceridad decimonónica que hubiera convertido esta obra en un discurso documental o para la complacencia de iniciados. Esta idea se ve reforzada, precisamente, por el elogioso informe que Ferrater hizo sólo un mes después de otro libro de Guilloux, *Le sang noir*—texto que fue descrito elogiosamente—, y donde apuntaba que "la mejor cualidad del libro es su sinceridad soberbiamente sensible: Guilloux se coloca en el escaparate a través de sus personajes".[54]

De esta forma podemos concebir que el crítico catalán entiende la sensibilidad "a la moderna", es decir, como un ejercicio estilístico de la personalidad o de la moralidad del autor —como la podían entender Baudelaire o Wilde—; de lo que se sigue que al hablar de *La maison* y de *Compagnons*, la sinceridad del libro es lo que compensa el pobre resultado, porque Guilloux no se ha limitado al simple informe sesgado, patético, sentimental o palmario. A lo largo de los ejemplos que se extraen de la crítica ferrateriana, observamos que la sinceridad es mostrada en tanto que valor estilístico, merecedor de elogio, y que conlleva un dominio de los materiales por parte del creador, y una buena delimitación de su exacta actitud respecto al tema y a los personajes; tal y como se puede comprobar en uno de los informes más extensos que redactara Ferrater: el dedicado a la novela *The gift* de Vladimir Nabokov.

Según el autor catalán el lector se halla ante una "pequeña obra maestra",[55] principalmente por la biografía de Chernishevski que incluye en su obra el autor ruso. Para Ferrater, la principal virtud de

[53] *Ibid.*, "Louis Guilloux, *La maison du peuple* y *Compagnons*" (15/IX/1963), p. 119.
[54] *Ibid.*, "Louis Guilloux, *Le sang noir*" (10/X/1963), p. 122.
[55] *Ibid.*, "Vladimir Nabokov, *The gift*" (28/XI/1963), p. 148.

esta parte de la novela consiste en la formulación del punto de vista del autor respecto al protagonista: "el difícil ejercicio de Nabokov consiste en mofarse cruelmente de Chernishevski, sin olvidar de alguna manera que fue un mártir. Y, por una vez, a través de sus payasadas más imposibles, Nabokov alcanza una sinceridad fascinante: hay una pasión sadomasoquista en esta novela."[56] El crítico de Reus considera que, juntamente con *Lolita,* nos hallamos ante una de las pocas ocasiones en las cuales el narrador ruso consigue aquella pretensión a la que aspira a través de la escritura literaria: alcanzar una "seriedad intrincada".[57] Así pues, la sinceridad va a pasar a convertirse en uno de los criterios exigibles a una obra de arte, puesto que su ausencia puede convertir cualquier producción literaria en un panfleto o en una pieza de dudosa calidad artística, como sucede con la novela *An infinity of mirrors,* donde su autor, Richard Condon, imita el estilo de Julius Streicher; pero Ferrater le critica que la novela no sea concebida, precisamente, "como una imitación sino como un contradiscurso sincero", de tal forma que es incapaz de posicionarse moralmente respecto a los nazis —protagonistas de la narración—: "no tiene la determinación suficiente para mantenerlos a distancia y siempre acaba dejándose seducir miméticamente por su *Weltanschauung*".[58]

Parece más que claro que para Ferrater la sinceridad es un problema de estilo, concepción que no dista tanto de la que expuso en los años cincuenta en sus críticas pictóricas, donde indicaba que "todo, en arte, es técnica",[59] y de la apreciación que ofreció en 1954, cuando proponía observar toda pieza pictórica como "un problema de retórica".[60] Uno de los grandes defectos que la crítica pictórica ferrateriana detecta en los artistas —principalmente en los pintores jóvenes— es la falta de sinceridad, a saber: la incapacidad para formular su imaginación por medio de una fórmula propia, y desde su punto de vista, sin echar mano de las modas, ni dejarse llevar excesivamente por la tradición. En este sentido, la opinión del crítico español coincide casi totalmente con la idea de sinceridad en la crítica que poseía W.H. Auden, y que expone en el artículo "Escribir".

[56] *Idem.*

[57] *Idem.*

[58] *Ibid.*, "Richard Condon, *An infinity of mirrors*" (18/x/1963), p. 97.

[59] Gabriel Ferrater, "Exposiciones de María Girona y Jaime Mercadé" (1951), en *Sobre pintura,* Barcelona, Seix Barral, 1981, p. 18.

[60] *Ibid.*, "Ramón Cortés, en la pinacoteca" (1954), p. 152.

Cuando un reseñador describe a un libro como "sincero" inmediatamente comprendemos que es una obra *a*] insincera (insinceramente insincera), y *b*] mal escrita. Sin embargo la sinceridad, en su correcto significado de autenticidad, es, o debería ser, la principal preocupación de un escritor. No hay escritor que pueda juzgar la exacta calidad de una obra, pero lo que siempre puede hacer, si no de inmediato un poco más tarde, es ver si lo que ha escrito es auténtico —en su caligrafía— o una falsificación.[61]

De hecho, en los años cincuenta Ferrater ya estaba enunciando críticamente lo que años después Harold Bloom llamó la angustia de las influencias, y la necesidad de matar al querubín protector que experimentaban los autores maduros. Así pues, uno de los problemas más comunes que experimentan los artistas jóvenes es dejarse deslumbrar por el genio y la expresión única e innovadora de determinados artistas consagrados, y los estragos que tal pasión provoca: el deseo de querer imitar la manera genial —reverenciando al artista demiurgo que la estética romántica se encargó de encumbrar—, y el abandono de su propia energía. Las palabras que dejara escritas Auden en *La mano del teñidor* sirven de comentario y confirmación de estas ideas ferraterianas sobre la creación literaria, y sobre la creación sincera y artística, ya que el poeta británico apuntó que "muchos autores confunden la autenticidad, que siempre deben buscar, con la originalidad, que jamás debe preocuparlos".[62]

En uno de sus artículos de crítica pictórica más extensos, el dedicado en 1953 al pintor José María de Martín, Ferrater ya advertía a los lectores de los peligros de la creación: porque el artista que cree dominar una técnica infalible corre el peligro de repetirse y amanerarse, así como de prescindir del componente azaroso que siempre ayuda a ir más allá en la creación. Contrariamente, el artista que todavía no ha encontrado su forma característica, puede proceder lentamente en sus investigaciones artísticas porque aún le quedan problemas por resolver; de hecho, estos problemas y estas dificultades son las que le llevarán a superarse a sí mismo, y a adquirir un mayor dominio de su arte. Por estas razones el crítico catalán siempre se encargaba de denunciar un exceso de ímpetu, de pura inspiración perpetua, y la falta de una técnica sólida:

[61] W.H. Auden, "Escribir", en *La mano del teñidor*, Barcelona, Barral Editores, 1974, p. 24.

[62] *Ibid.*, p. 25.

nada más peligroso que creerse autorizado a prescindir de toda disciplina, sobre todo tratando con una bestia tan difícil de domar como es la técnica pictórica. Un ligero adormecimiento de la sensibilidad, una leve fatiga del espíritu, pueden producir en cualquier momento una completa ruina. Y después de todo, una de las pocas cosas que sabemos de cierto, es que el diablo existe.[63]

La poética pictórica contemporánea basada en las innovaciones propugnadas por las vanguardias del primer tercio del siglo XX corre este mismo peligro al cual conduce prescindir del conocimiento y el dominio artístico: creer, precisamente, que una vez que Nietzsche anunció que dios había muerto, el diablo, el fracaso literario, no existe. Hemos visto que esta idea es formulada perfectamente por Ferrater a lo largo de su crítica, pero como la literatura no se halla libre de estos desastres, el autor catalán ha descrito a la perfección este proceso de ruina poética en uno de sus poemas más oscuros, el titulado "Literatura". La teórica Dolors Oller, al ofrecer una coherente, perspicaz e ingeniosa interpretación, ya advirtió del hermetismo de este poema, al indicar que "es esta trayectoria elíptica lo que lo hace difícil de entender y que le otorga diferentes posibilidades de interpretación. Porque el mejor epifonema es aquel que, no siendo obvio, conserva la ambigüedad de sentido."[64] Según la explicación que ofrece el artículo de Oller, el referente del poema no es otro que la evolución de la lírica moderna, concretamente "estas tesituras corresponden, diacrónicamente, al proceso que ha sufrido la estructura de la lírica moderna. Desde la vehemencia subjetiva romántica hasta la confianza en eso que es la materia oracular de la poesía, la lengua, protagonista absoluta en las reflexiones estéticas de la última actualidad. Pasando por el arabesco simbolista y por la objetividad aparente de la poesía pura. Pero esta evolución también se da totalmente en el proceso personal del escritor."[65] A pesar de que comparto completamente la interpretación que Dolors Oller ha dado del poema, mi lectura presenta un cierto alejamiento respecto al desciframiento de los versos finales, al otorgar sentido al epifonema. Por esta razón lo más conveniente será leer y comentar el poema

[63] Gabriel Ferrater, "La pintura de Rafael Zabaleta" (1952), en *Sobre pintura*, p. 46.
[64] Dolors Oller, "Gabriel Ferrater: l'inefable el va temptar", en *La construcció del sentit*, Barcelona, Empúries, 1986, p. 33.
[65] *Idem.*

paso a paso, teniendo siempre presentes las valiosas apreciaciones que ha proporcionado Oller en su artículo.

LITERATURA

Tan vehement, va dir-se un calamar,
faig el ridícul: un raig fi de tinta
ja desvia aquests monstres, ben poc crítics.
Perduda l'abundància del cor,
va descobrir la voluptat formal:
mentir-se objectivat en l'arabesc
i fer-s'hi encara veure, subjectiu.
De l'urc de no amagar-se gaire, en deia
sinceritat: de la por de trobar-se
exposat, sentiment de l'estil.
Lliurat a l'esperança que els espasmes
de l'aigua li anirien a favor,
deia fe en el llenguatge. Va morir
devorat: l'inefable el va temptar.[66]

[LITERATURA

Tan vehemente, se dijo un calamar,
hago el ridículo: un chorro de tinta
ya desvía a estos monstruos, poco críticos.
Del corazón perdida la abundancia,
halló la voluptuosidad formal:
mentirse objetivado en arabescos
y allí dejarse ver, aún, subjetivo.
Al orgullo de no esconderse mucho,
llamó sinceridad: sentimiento de estilo,
al miedo de encontrarse muy expuesto.
Librado a la esperanza que del agua
los espasmos le irían a favor,
dijo fe en el lenguaje. Devorado
murió: lo inefable lo tentó.]

[66] Gabriel Ferrater, "Literatura", en *Les dones i els dies*, Barcelona, Edicions 62, 1968, p. 43.

Anteriormente a Ferrater, el poeta catalán Josep Carner ya había dado la palabra a un molusco, en el poema "El mol·lusc inspirat" (*Paliers*, 1950), a quien oíamos decir que "*demés de mol·lusc, faig de poeta*"[67] ["además de molusco, hago de poeta"] —al igual que el calamar del poema de Ferrater—; claro está que la principal diferencia entre este poema y el de Carner es que en el del autor de primera mitad de siglo el molusco poseía una concha que le permitía esconderse en caso de peligro o nostalgia: "*i si tinc enyorança del redòs, | un suau moviment gelatinós | em fa de cames per tornar a la closca*"[68] ["y si tengo añoranza del cobijo, un suave movimiento gelatinoso me da piernas para volver a la concha"]. No obstante, los posibles referentes literarios no se agotan en la poesía catalana, puesto que treinta y nueve años antes de que Carner publicara este poema, Guillaume Apollinaire ya se identificaba con un pulpo que lanzaba tinta en uno de los poemas que formaban *Le bestiaire* (1911), concretamente aquel que llevaba por título "Le poulpe", y que es uno de los poemas que seguramente influyeron a los dos poetas catalanes.

LE POULPE

Jetant son encre vers les cieux,
Suçant le sang de ce qu'il aime
Et le trouvant délicieux,
Ce monstre inhumain, c'est moi-même.[69]

[EL PULPO

Proyectando su tinta hacia los cielos,
succionando la sangre de lo que ama,
y hallándola deliciosa, este monstruo
inhumano, no es otro que yo mismo.]

El inicio de "Literatura" también nos informa de la identificación entre poeta y calamar, porque el mismo título nos provee del referente necesario para comprender la extraña figuración marina que se

[67] Josep Carner, "El mol·lusc inspirat", en *Poesia*, Barcelona, Quaderns Crema, 1992 (1957), p. 895, v. 4.

[68] *Ibid.*, vv. 12-14.

[69] Guillaume Apollinaire, "Le poulpe", en *Poèmes*, París, Gallimard, 1956.

despliega a lo largo del texto. Es por esta razón que este epígrafe liminar, y la premeditada construcción de los versos, invitan al lector a realizar una tarea interpretativa en la cual se requiere ir relacionando las diferentes partes del poema con aquello que podemos identificar como elementos o actitudes artísticas, especialmente literarias.

En primer lugar cabe hacer notar que el calamar ferrateriano comparte el don del habla, igual que el molusco inspirado de Carner, pero mientras que en este caso el animal marino se convertía en el yo poético del poema, en la obra de Ferrater el calamar es aquel protagonista cuyas aventuras y desventuras son relatadas por un yo poético externo, aunque los dos primeros versos recogen una expresión en la cual esta bestezuela se da cuenta del carácter de su comportamiento: "tan vehemente [...] hago el ridículo". Pero con un chorro fino de tinta consigue escapar de sus perseguidores: "desvía a estos monstruos" que le acucian de la misma forma que el escritor, mediante los trazos de tinta que proyecta sobre el papel al escribir,[70] consigue conjurar los monstruos de su fantasía, que lógicamente son "poco críticos", porque precisamente es el sueño de la razón el que produce monstruos —como se encargó de escribir Francisco de Goya en uno de sus grabados más famosos de la serie titulada *Los caprichos* (1796-1798), y que se ha convertido en una de las piezas más reproducidas en las monografías sobre el romanticismo. A través de la escritura cualquier persona puede vehicular la perniciosa imaginación desbordante, aquella abundancia del corazón, que se convierte en actitud típica del romanticismo o de la adolescencia (recordemos que estos hábitos de efusión sentimental juvenil fueron criticados por Jaime Gil de Biedma en uno de sus poemas más celebrados: "El juego de hacer versos"). Para ser más exactos, esta fórmula "abundancia de corazón" fue utilizada por Carles Riba en la última de sus *Elegies de Bierville*, escritas en parte en su exilio francés tras la guerra civil española, como intento de cifrar y formalizar poéticamente esta dolorosa experiencia de forzoso alejamiento de su tierra.

Al avanzar en la lectura del poema hallamos que estas incipientes e

[70] Interpreto el "chorro de tinta" del calamar-poeta como escritura, porque es una metonimia utilizada por el mismo Ferrater en otros contextos; así pues, en el prólogo a su traducción catalana de *El proceso* de Kafka hallamos lo siguiente: "el primer raig del manuscrit descrivia l'assemblea del tribunal 'com una reunió socialista'" (cf. Gabriel Ferrater, "Pròleg a *El procés* de Franz Kafka" en *Sobre literatura*, Barcelona, Edicions 62, 1979, p. 199).

inhábiles prácticas se pierden, juntamente con la abundancia del sentimiento, porque —para decirlo a la manera de W.H. Auden— una vez que un escritor primerizo "se ha entregado a esas formas de sentir y pensar, el joven desarrolla los anticuerpos que le inmunizarán para el resto de su vida".[71] Es entonces cuando el escritor-calamar halla "la voluptuosidad formal". El calamar se olvida de aquella exagerada sentimentalidad, y encuentra un gran placer en el trabajo de la forma, en la adquisición de la técnica de escritura que permite una mejor expresión de la imaginación, como sucedió con los principales poetas de la escuela postsimbolista, según las palabras que Ferrater pronunció en una conferencia que, al ser editada póstumamente, se tituló *La poesia de Carles Riba*.

Es decir, que el intelectualismo de Mallarmé y de Valéry es un intelectualismo formal basado, como material, en la poesía romántica francesa, es decir, en una cosa nada conceptualista, nada alegórica, de expresión emotiva muy directa; e, incluso, en el caso de Hugo, que es, de largo, el gran romántico francés, incluso desordenada y, en algunos casos, se podría llamar, anti-intelectual. Mallarmé y Valéry, pues, trabajaban intelectualmente una forma, no unos conceptos.[72]

De todas formas, esta manera de enfrentarse al hecho literario no se puede reducir a una actitud de época, sino que más bien esta tesitura histórica corresponde a una necesidad personal que surge con el deseo de aprender una técnica, un oficio, con el cual poder dominar la fuerza de la imaginación infantil. Entre otros, Ferrater nos cuenta del poeta y crítico catalán Carles Riba que, después de escribir su primer libro titulado *Estances*, tuvo la "conciencia de pasar por una disciplina de forma porque no había adquirido, en sus primeros poemas, una seguridad, un dominio de su material, suficiente para permitirle expresar la enorme carga de contenido imaginativo y emotivo del cual él disponía".[73] Si se ha tomado en consideración el caso de Carles Riba ha sido porque el crítico de Reus lo utiliza para explicar esa necesidad especial que siente la mayoría de escritores, y que consiste en alcanzar un mayor dominio técnico, pero este hecho no quiere decir que se crea que el poema "Literatura" esté necesariamente pensado para describir

[71] W.H. Auden, *op. cit.*, p. 24.
[72] Gabriel Ferrater, *La poesia de Carles Riba*, Barcelona, Edicions 62, 1979a, p. 64.
[73] *Ibid.*, p. 63.

la evolución poética ribiana, de la misma manera que no quiere decir que las maneras de Riba no se dejen explicar a partir de este poema.

No obstante, no olvidemos el escritor-calamar protagonista del poema "Literatura", ya que si éste se dejó tentar por la "voluptuosidad formal" fue con un objetivo diáfano: "mentirse objetivado en arabescos | y allí dejarse ver, aún, subjetivo" (vv. 6-7). En este sentido cabe entender por arabesco la figura ornamental creada con una clara voluntad objetivadora de los sentimientos autoriales, que Ferrater ha utilizado en más de una ocasión en su crítica pictórica para referirse al trazo particular de cada pintor; así pues, del pintor José María de Martín, destacará "la irrepetible fugacidad de su arabesco", y será capaz de describir la composición pictórica de un cuadro de Mariano Pidelaserra "sobre la base de unas pocas largas líneas de arabesco, que delimitan unas vastas zonas moduladas mediante la vibración de unas menudas pinceladas".[74] El poeta de Reus establece una conexión directa entre el arabesco pictórico, la caligrafía artística, por así decir, y el mundo imaginario propio de cada autor (indica, por ejemplo, que "el grácil arabesco de Cranach o de Matisse basta para expresarnos la espesa tactilidad del mundo"),[75] de donde cabe inferir que la carga subjetiva de esta estilización formal es muy profunda. A pesar de que nos estamos refiriendo constantemente al ámbito pictórico, una de las tendencias de la literatura contemporánea derivada de las tesis románticas comparte dicho intento de formulación sentimental mediante una correlación externa, como nos cuenta Robert Langbaum, en *The poetry of experience*, que tanto influiría en la poética del grupo poético de los 50, donde cabe englobar a la poesía en catalán de Ferrater:

> es una insistencia militante en la objetividad la que caracteriza hoy las doctrinas críticas al uso [...]. Debe haber quedado claro, por lo tanto, que el deseo de superar la subjetividad y alcanzar la objetividad no es en absoluto rasgo distintivo del siglo veinte, sino que ha marcado el rumbo de la evolución poética desde el final de la Ilustración.[76]

Esta supuesta objetivación mediante el trabajo formal no deja de ser un subterfugio en el poema "Literatura", puesto que el calamar

[74] Gabriel Ferrater, "Mariano Pidelaserra" en *Sobre pintura*, p. 255.
[75] *Ibid.*, "Exposición de Ráfols Casamada" (1951), p. 22.
[76] Robert Langbaum, *op. cit.*, pp. 88-89.

pretende mentirse, y dejar percibir su interioridad. En este sentido, podríamos decir que esta obra ferrateriana no hace más que objetivar a través del arabesco de la escritura, que alude a un molusco, unos sentimientos y unas actitudes frente a la literatura, dado que, en último término, se puede ver a la persona, al escritor. Básicamente, esta voluntad por establecer una correlación directa entre la voz del poema y la persona real que lo escribió se debe a un testarudo y orgulloso deseo de "sinceridad" —en el sentido romántico—, es decir, "de no esconderse mucho" (v. 8), que suele encontrarse en muchos escritores, principalmente en los jóvenes, los cuales deben intentar reafirmar su propia voz y hacerla distinguible, sin que el estilo propio se vea afectado en demasía por otras formas de la tradición. El mismo autor catalán hablaría de la sinceridad en un artículo literario titulado "Madame se meurt..." (1953), cuando explica que las generaciones literarias peninsulares de finales del siglo XIX y principios del novecientos se impusieron el objetivo literario de la sinceridad como antídoto natural a la falta de tradición lingüística y literaria:

> tanto los catalanes del fin de siglo como los noventayochistas realizaron su conversión lingüística doblegándose a un empuje cultural mucho más hondo que una simple moda literaria. Tanto unos como otros aspiraron a acercar la lengua literaria a la lengua cotidiana: buscaron la sinceridad estilística. En principio, un estilo literario no tiene por qué ser sincero: la literatura francesa, durante tres siglos, se ha desarrollado magníficamente sobre la base de un formidable desprecio por la realidad de la lengua que hablan los franceses. ¿Por qué, pues, los españoles del fin de siglo, catalanes o no, creyeron que la literatura, y en definitiva la cultura toda, había de ser, antes que nada, sincera? Sencillamente porque se encontraron sin cultura.[77]

A pesar de todo, tanto el artista contemporáneo, el escritor medianamente joven, como el calamar del poema, no pueden correr el riesgo de sufrir un exceso de sinceridad, de retornar a la pura y única "abundancia del corazón" en que hacían el ridículo por su vehemencia en la exposición de sus sentimientos. Por esta razón el protagonista poético sufre "miedo de encontrarse muy expuesto" (v. 10), y por ello recurre naturalmente a la protección del estilo: el sentimiento que ofrecerá a partir de este momento será exclusivamente aquel

[77] Gabriel Ferrater, "Madame se meurt..." (1953), en *Sobre literatura*, p. 85.

que la objetivación estilística le permite, sosteniendo que no tiene nada que ver con su persona, y que no hay correspondencia entre la personalidad biográfica y su figuración literaria. Al parecer la crítica literaria contemporánea ha recogido esta separación entre la vida del autor y su obra, denunciando tanto la *falacia biográfica* del New Criticism, como la *muerte del autor* de Roland Barthes.

El escritor-calamar llega a asumir como propia y natural esta actitud poética que se acaba de exponer (vv. 5-10), y se deja llevar por la esperanza de que procediendo literariamente de esta guisa todo le va a ser propicio, incluso aquello más externo e incontrolable como son los súbitos y repentinos espasmos del agua —que podemos interpretar como las adversidades de la vida, la fama literaria, o bien la recepción social de su obra. Este molusco cree que una vez adoptada una manera literaria propia que le permite no hallarse demasiado expuesto, y a la vez exponer estilísticamente la abundancia sentimental de su corazón y su riqueza imaginativa, todo le va a ir a favor; por esta razón será lógico que diga "fe en el lenguaje". Ferrater escribe que este escritor-calamar confía en sus capacidades para dominar la lengua, que es la herramienta primera de la expresión imaginativa; de la misma manera que en algunos pintores detectaba "la 'fe en la pintura' como posibilidad de expresión personal, en un sentido semejante a aquel en que Vossler habla de la 'fe en el lenguaje' como supuesto básico de la tragedia de Racine, fe que se contrapone a la religión de la *bellezza* inspiradora del Renacimiento italiano".[78]

Todas ellas son actitudes artísticas que se basan en el dominio de las técnicas propias de cada artista —como pueden serlo "la ostentosa 'cocina' de Rembrandt, la franca pincelada de Velázquez, de Goya y de los impresionistas, la pedantería 'puntillista'"—,[79] y que llevan a que a Racine le bastaran dos mil palabras para crear todas sus tragedias. Pero esta sensación de autosuficiencia y de seguridad en los medios expresivos provocaron en el escritor-calamar ferrateriano un gran desastre: murió devorado porque "el inefable lo tentó". La comprensión de este verso final, del epifonema, como ya nos advirtió Dolors Oller, es crucial para otorgar coherencia al poema, y las dificultades de comprensión se deben a la falta de información explícita, al carácter elíptico de parte del contenido que se quiere exponer;

[78] Gabriel Ferrater, "La pintura catalana contemporánea" (1955), en *Sobre pintura*, p. 134.

[79] *Ibid.*, p. 133.

por esta razón voy a recurrir a una lectura de pasajes paralelos, que hasta el momento me ha sido muy productiva, e intentaré comparar la situación del calamar al fracaso de ciertos pintores catalanes de posguerra, tal y como lo expuso Ferrater:

> los pintores de la primera de nuestras dos épocas han sido devorados por uno de los *idola temporum*. Dos cosas conviene destacar previamente. La primera, que aquellos hombres se hallaban ya en la plenitud de su madurez cuando hizo su aparición el monstruo que había de hacer de ellos su presa. No es cierto, contra lo que acostumbra a creerse, que la juventud se deje devorar con más facilidad que otras edades; no nos sorprenderemos en lo más mínimo cuando un arqueólogo descubra que Teseo formaba parte del primer grupo de adolescentes ofrendados al Minotauro. Es comprensible, en cambio, que las víctimas de un monstruo sean los hombres que habían aprendido a vivir sin contar con su presencia amenazante. En segundo lugar, advirtamos enseguida que el monstruo de que vamos a hablar no tiene nada de espectacular, ni puede ofrecer satisfacción alguna a las almas ávidas de patetismo; es un monstruo de una vulgaridad abrumadora. Es la vulgaridad misma; una cierta particular encarnación de la vulgaridad proteica.[80]

En este fragmento puede observarse cómo el crítico de Reus, a la hora de expresar la poca calidad de una de las generaciones de la pintura catalana actual, aprovecha la figuración del monstruo que devora a los artistas (de la misma manera que hizo el Minotauro con los jóvenes ofrecidos a él, Cronos con sus hijos o Polifemo con los compañeros de Ulises). Este pasaje es el que me lleva a suponer que el agente de la deglución, quien lleva a cabo el acto de devorar, no es el "inefable", sino que éste es el simple cebo que utilizan aquellos "monstruos, poco críticos", que aparecieron al principio y que han sido presentados como los depredadores naturales de este molusco: la naturaleza proveyó al calamar de su tinta para que pudiera huir de sus enemigos, de la misma forma que a las personas les concedió la capacidad de escritura para poder escapar de un exceso de nocivo sentimiento, ya que —como dijo Riba— "la poesía no puede llenar la vida, pero necesita toda la vida".[81] Es, precisamente, el exceso de vida que Ferrater considera como causa principal del fracaso litera-

[80] *Ibid.*, "De la pintura catalana actual" (1952), pp. 118-119.
[81] Carles Riba, "Del carnet de notes", en *Sobre la poesia…*, p. 78.

rio de Verdaguer (retomando unas palabras que Carles Riba había expuesto en su artículo "Memòria de Verdaguer, en el cinquantenari de la seva mort").

No cabe duda que en el conflicto intervinieron la candidez y la imprudencia del poeta, su "romanticismo" en el sentido vulgar del término. Reflexionando sobre el caso, Carles Riba ha escrito las admirables frases siguientes: "Como el agua a ciertas tierras bajas, la poesía solicita, inunda y penetra por todos lados nuestra vida; se filtra en ella y la corrompería, sin el drenaje y los canales del poema. El poema, como forma realizada, es la defensa de nuestra vida contra la poesía. Hasta aquí es obvio. Pero ¿no queda el peligro de la intoxicación del poeta mismo por el poeta hecho, es decir, por la poesía de que parecía libertado, y de que se ponga entonces a imitarlo en las formas vitales?[82]

De hecho, para Ferrater la creación artística —literaria o pictórica—consiste en la expresión estilizada de la imaginación de cada autor mediante unos medios expresivos que deben ser controlados por el artista, y la fuerza de una buena imaginación infantil debe ser domeñada por un buen oficio o técnica adulta; claro está que la no consecución de este objetivo puede provocar el fracaso de los objetivos del artista. Si el autor se deja llevar por un exceso de poesía, si se deja tentar por lo inefable —aquello puro e inaprehensible que solamente puede mostrarse a través de la realización, el objeto artístico terminado, como decía Riba—, entonces se produce el fracaso literario y la corrupción de la vida por ciertas actitudes románticas.[83] Esta tendencia natural a lo inaccesible que experimentan autores como el calamar de Ferrater es la misma actitud que describe uno de los personajes que intervienen en el diálogo de Oscar Wilde, *El crítico como artista, I*, ya que Gilbert —*alter ego* del autor— nos dice que ante la potencia de sugestión del arte puede aparecer un deseo insaciable y destructor: "esta noche podrá colmarnos de ese [...] *Amour de l'Impossible*, que anonada como una locura a muchos que creen vivir en forma segura y al margen de cualquier daño, de modo que

[82] Gabriel Ferrater, "El resurgimiento", en *Sobre literatura*, p. 118.

[83] Tanto Xavier Macià como Núria Perpinyà ya apuntaron en su día que "el inefable, en este sentido, es la quimera y el *primum mobile* de la literatura; su almendra mística: decir aquello que todavía no ha sido dicho, pero que el escritor, devorado por este afán de formulación, se atreve a decir" (cf. Xavier Macià y Núria Perpinyà, *La poesia de Gabriel Ferrater*, Barcelona, Edicions 62, 1986, p. 51).

se enferman súbitamente con el veneno de un ilimitado deseo, y en la infinita persecución de lo que no pueden obtener se debilitan y desfallecen o tropiezan."[84]

Una vez el escritor-calamar creyó que había ahuyentado a los monstruos de la fantasía mediante el dominio de la escritura, y había conseguido una determinada perfección literaria, se confió excesivamente y murió devorado, porque —como apuntó Riba— "en poesía (en arte), la perfección no se busca: se vigila que aparezca";[85] pero, evidentemente, ésta no puede surgir ante cualquier ámbito o asunto poético, entre otras razones porque —ahora según la formulación de Auden— "todo escritor tiene algunos temas que, a causa de imperfecciones de su personalidad y su talento, nunca debe abordar",[86] si no quiere perecer o fracasar en el intento. Unas afirmaciones a propósito de los peligros de la creación literaria con las que Ferrater no estaría en desacuerdo, ya que en más de un ensayo de 1953 (recordemos el artículo "La pintura de José María de Martín" anteriormente comentado) había advertido de los problemas que surgen cuando un artista se confía excesivamente en su técnica, y más concretamente cuando el creador no se propone ninguna obra nueva como proceso de aprendizaje.

Ningún auténtico artista ha podido jamás sentirse instalado en su arte; es decir, no ha podido jamás pensar que la imaginación y la estructuración de una obra puedan llegar a buen fin, si en tales actos se limita a poner en obra ciertas aprendidas normas fijas. Como, para el caso del pintor, ha dicho muy bien Braque: "La tela que estamos pintando tiene mucho que enseñarnos." Pero un artista maduro sí puede, por lo menos, estar hasta cierto punto seguro de que toda obra que emprenda tendrá en efecto, algo que enseñarle: de que su esfuerzo creador, destinado posiblemente al fracaso, no lo está, sin embargo, a perderse en la pura inanidad. Pues bien, esta limitada seguridad artística no la alcanzó nunca Maragall.[87]

El escritor, el pintor —principalmente el contemporáneo, como ha explicado el mismo Ferrater—, al igual que el calamar del poema, posee un enemigo natural, que no es otro que su monstruosa

[84] Oscar Wilde, *El crítico como artista*, p. 48.
[85] Carles Riba, "Del Carnet de notes", en *Sobre la poesia…*, p. 78.
[86] W.H. Auden, *op. cit.*, p. 25.
[87] Gabriel Ferrater, "El núcleo de Maragall" (1953), en *Sobre literatura*, p. 91.

fantasía, a la cual solamente es posible aceptar siempre que pueda ser dominada técnicamente, si se le aplica una estrecha vigilancia. Debemos tener en cuenta que el verbo "vigilar" era utilizado por Riba y por Ferrater al reflexionar sobre este asunto, pero este segundo, en uno de sus artículos pictóricos, lo refería a Charles Baudelaire, que expresó esta misma idea en el poema "La destrucción" (CIX), que encabezaba el apartado que daba título a *Las flores del mal.*

LA DESTRUCTION

Sans cesse à mes côtés s'agite le Démon;
Il nage autour de moi comme un air impalpable;
Je l'avale et le sens qui brûle mon poumon
Et l'emplit d'un désir éternel et coupable.

Parfois il prend, sachant mon grand amour de l'Art,
La forme de la plus séduisante des femmes,
Et, sous de spécieux prétextes de cafard,
Accoutume ma lèvre à des philtres infâmes.

Il me conduit ainsi, loin du regard de Dieu,
Haletant et brisé de fatigue, au milieu
Des plaines de l'Ennui, profondes et désertes,

Et jette dans mes jeux pleins de confusion
Des vêtements souillés, des blessures ouvertes,
Et l'appareil sanglant de la Destruction!

[LA DESTRUCCIÓN

A mi lado se agita sin cesar el Demonio;
Flota en torno de mí como un aire impalpable;
Lo trago y siento cómo abrasa mis pulmones
Y los llena de un ansia sempiterna y culpable.

Toma a veces, pues sabe de mi amor por el Arte,
La forma de la más seductora mujer,
Y, adoptando especiosos pretextos de adulón,
Acostumbra mis labios a los filtros infames.

Así me lleva, lejos de la vista de Dios,
Jadeante y rendido de fatiga, hasta el centro
De los llanos del Tedio, profundos y desiertos,

Y arroja ante mis ojos de mirada confusa
Vestiduras manchadas, heridas entreabiertas,
¡Y el sangriento aparato de toda Destrucción!][88]

Tal y como decía Ferrater en "La pintura de Rafael Zabaleta", "Baudelaire simboliza la vigilancia sobre sí mismo en la creencia del diablo",[89] porque el poeta francés sabe perfectamente que si se deja tentar por lo inefable, que es el diablo (el gran tentador de la tradición cristiana), su debilidad sólo le va a llevar al "sangriento aparato de toda Destrucción" (v. 14), que en arte significa la falta de atención, de control y de tensión en la producción, quizá llegando a caer "hasta el centro | de los llanos del Tedio, profundos y desiertos" (vv. 10-11). Esta peripecia negativa es debida a un desmesurado "amor por el Arte" (v. 5), y a la imposibilidad de dominar el exceso de sentimiento, de poesía, que debería saber canalizar formalmente. Así pues, si aceptamos esta interpretación del poema "Literatura" será a cambio de otorgarle un valor metapoético, y coincidir en considerar al poema baudelaireano un referente literario que sin duda debió tener en cuenta Ferrater; igual que el poema que Carles Riba incluyó en la segunda sección de *Estances*, titulado "*Hi ha estones que el pensament*" ["Hay ratos que el pensamiento"], donde escuchamos la voz de un poeta que expresa la dificultad para literaturizar sus sentimientos, los contenidos de su imaginación, ya que solamente pueden ser comprendidos y comunicados por medio de un símbolo artístico. Puede que el poema "Literatura" sea una muestra fehaciente de que la creación artística sirve para formular sinceramente los sentimientos sin caer en el ridículo o la afectación, pero, además, para comunicar contenidos y opiniones críticas sobre la literatura y su producción; de suerte que en esta ocasión estos versos han expuesto poéticamente, mediante una estilización objetiva, una idea que Susanne K. Langer formuló teóricamente en 1953, en un volumen de estética titulado

[88] Charles Baudelaire, *Las flores del mal* (trad. M. Neila), Madrid, Ediciones Júcar, 1988, pp. 222-223.

[89] Gabriel Ferrater, "La pintura de Rafael Zabaleta" (1952), en *Sobre pintura*, p. 43.

Feeling and form [*Sentimiento y forma*], al indicar que "la construcción de la forma expresiva es el proceso creativo que alista la mayor habilidad técnica del hombre al servicio del mayor poder conceptual, la imaginación".[90]

El destino del escritor-calamar, que hemos encontrado en el poema "Literatura", coincide con el periplo formativo de la mayoría de artistas —por el mismo hecho de serlo—, pero viene a coincidir con la visión que el Ferrater crítico posee del arte contemporáneo, tanto en pintura como en literatura. El artista contemporáneo surgido del romanticismo, y posteriormente de las revoluciones vanguardistas, tiende a olvidar toda disciplina y toda tradición pictórica, al mismo tiempo que parece querer recuperar la ingenuidad y espontaneidad de la imaginación infantil, sin parar mientes en el dominio de su técnica, sin controlar especialmente esta fuerza creadora. El mejor ejemplo crítico que nos aporta el poeta español, en lo referente a esta natural reticencia de los autores de este siglo a contemplar normas literarias para llevar a cabo sus creaciones, lo hallamos en la explicación de la evolución literaria que experimentó Jean Giraudoux, quien intentara expresar su imaginación a través de diferentes formas hasta que encontró en el teatro aquella que le permitía una mayor sinceridad: "sus novelas violan todas las normas del género, en cuanto éste se considere sujeto a alguna norma de realismo. Giraudoux escribe relatos fantásticos, combinando la ironía y el lirismo y aproximándose al *nonsense* inglés, entregándose a la incontenida abundancia verbal y metafórica. [...] Precisamente la necesidad de obedecer a una norma de eficacia teatral obligó a Giraudoux a dar una disciplina a su fantasía, y el teatro es seguramente la parte mejor de su obra."[91] Vemos que Ferrater, puesto a ejercer de crítico artístico, aplica sus ideas sobre la creación de la literatura y de la pintura, y las utiliza como termómetros del valor de las obras de los diferentes autores que presenta al lector. Así pues, el autor de Reus considerará que la verdadera energía de la rica imaginación infantil solamente podrá ser presentada de forma artística bajo el control que sobre ella ejerza el autor, es decir, mediante un buen conocimiento de la disciplina artística, del genio autorial, que ya sabemos que consiste en una larga y

[90] Susanne K. Langer, *Feeling and form. A theory of art*, Nueva York, Charles Scribner's Sons, 1953, p. 40.

[91] Gabriel Ferrater, "Jean Giraudoux" (Inédito), pp. 1-2.

lenta acumulación de experiencia, y no en un arrebato puntual, porque todo arte se basa en la técnica, es decir, en el oficio adulto. Sólo cuando en una obra literaria se produzca un grado tal de equilibrio, entre el contenido idiosincrásico de una imaginación creadora y una exposición formal adecuada del mismo, podremos celebrar el tino del objeto literario mediante el término de sinceridad que, tal y como hemos expuesto, diferentes críticos literarios han habilitado para un uso contemporáneo, alejado de la franqueza biografista romántica, convirtiéndola en una categoría de carácter formal, estilístico.

4. DE LA TRADUCCIÓN A LA FORMA POÉTICA (Luis Cernuda y Friedrich Hölderlin)

> En las noches del invierno de 1936 a 1937, oyendo el cañoneo en la ciudad universitaria, en Madrid, leía a Leopardi aunque su lectura no tuviera en mí alcance tan considerable como la de Hölderlin.
>
> LUIS CERNUDA
>
> *Historial de un libro*

Medio siglo después de la muerte de aquel que en sus últimos años había firmado sus poemas como Scardanelli, la obra de Hölderlin sería rescatada del olvido, y finalmente editada hacia 1913. Podría ser que debido a esta tardía publicación de los poemas del autor romántico, y al carácter especial de su poesía, se pueda decir que la obra del autor alemán se convirtió a principios del siglo XX en una de las principales influencias para los poetas de aquellos años. No solamente iba a representar una lectura sugestiva para los epígonos de un parnasianismo decorativista finisecular al estilo francés —recordemos que su primer editor, Norbert von Hellingrath, "pertenecía al círculo de Stefan George"—,[1] y para los demás autores germánicos de la época, como Rilke, de quien se nos dice que "estaba más lejos de la tradición germánica que ningún poeta alemán desde Heine",[2] y que vieron en la poética de su compatriota un jardín que visitar alguna que otra vez. Tengamos en cuenta las palabras de Cernuda, que nos indica que a principios del siglo XX este autor alemán era prácticamente ignorado por todos, incluso por sus mismos compatriotas: "el nombre de Hölderlin era por entonces casi desconocido, no sólo en el extranjero sino en su propio país, y alrededor de 1912 es cuando los lectores de poesía vuelven a

[1] Luis Cernuda, "Goethe y Hölderlin" (*Poesía y literatura*), en *Prosa completa*, Barcelona, Barral Editores, 1975, p. 796 (en el caso de Luis Cernuda, se citará entre paréntesis el título de los libros que contienen los artículos o ensayos citados de la edición de *Prosa completa*).

[2] J.M. Cohen, *Poesía de nuestro tiempo*, México, Fondo de Cultura Económica, 1959/1966, p. 72.

recordar al gran poeta olvidado", gracias a "las ediciones populares modernas de Hölderlin [que] datan de 1908, y la primera edición crítica, aún incompleta, es de 1913".[3] También para las nuevas generaciones expresionistas de principios del novecientos Hölderlin se convertiría en una influencia decisiva: éste es el caso de Georg Trakl, quien dependiera "casi por completo de sus modelos del siglo XIX, primero de Lenau y de otros poetas líricos, y más tarde del Hölderlin clásico de los primeros tiempos",[4] ya que de su poesía iba a heredar el uso fraseológico del verso y muchos de los estilemas de la poesía de Hölderlin, hasta el punto de que aquellas iniciales referencias ocasionales a versos concretos, o al mundo imaginativo del autor alemán, acabarían cuajando en auténticos "pastiches hölderlinianos".[5]

De las aserciones anteriores no podemos inferir que la poesía del autor alemán solamente tuviera un peso decisivo dentro de la tradición germánica, sino que también constituyó un paradigma de renovación para aquellos autores que a mediados de siglo habían visto cómo el modelo del surrealismo les había conducido a una repetición de su manera poética. Éste fue el caso de Vicente Aleixandre, referido por Luis Cernuda en el ensayo que insertó en sus *Estudios de poesía española contemporánea* (1957), donde indica que los libros de la década de los cuarenta y cincuenta estuvieron fuertemente marcados por la lectura de Hölderlin.

A partir de *Sombra del paraíso* (1944) la conexión con el movimiento superrealista desaparece casi por completo; pero aparece otra influencia considerable: la de Hölderlin. Que yo sepa, nadie ha aludido a ella, aunque son numerosos los estudios sobre la obra de Aleixandre y en especial sobre dicho libro; y eso que existen traducciones de Hölderlin por lo menos desde 1936. El contacto no es sólo de visión, de temas, de lenguaje, sino hasta en cierta aparente ruptura de conexión lógica en la composición del poema. De ahí el tono más suave, plácido, elegiaco que hay en *Sombra del paraíso* y los dos libros que le siguen, *Nacimiento último* (1953) e *Historia del corazón* (1954), los más recientes publicados por el poeta hasta la fecha, en contraste con lo amargo y áspero de su poesía durante la etapa surrealista.[6]

[3] Luis Cernuda, "Juan Ramón Jiménez" (1942), en *Prosa completa*, p. 1352.

[4] *Ibid.*, p. 157.

[5] *Ibid.*, p. 167.

[6] *Ibid.*, "Vicente Aleixandre" (*Estudios sobre poesía española contemporánea*, 1957), pp. 461-462.

Pero dentro de una de las principales poéticas de principios del siglo XX, la poesía "pura" o postsimbolista, también hallaremos autores que verán en la obra del poeta romántico un terreno propicio para encontrar una tradición con que variar su propia evolución literaria. En 1920 el poeta catalán Carles Riba compró en París un pequeño volumen de traducciones de Hölderlin al francés y pronto se vería seducido por los versos del autor alemán, hasta el punto de que al cabo de sólo dos años traduciría siete de sus poemas, y ahondaría en el conocimiento de esta poesía, llegando a publicar —veintidós años después— veinticuatro versiones de poemas hölderlinianos. Cuando Gabriel Ferrater nos habla de las traducciones que Riba realizó de las obras de este autor alemán declara el principal de los motivos que provocó tal ejercicio: "la necesidad de traducir a fin de entender bien un poema en una lengua aún mal conocida".[7]

Claro está que el autor catalán no iba a ser el único poeta europeo que a lo largo de la primera mitad del siglo XX se sintiera atraído por la obra hölderliniana, ni el primero ni el último que se vería obligado a realizar traducciones a su lengua materna con el principal propósito de comprender de una manera más justa el significado de aquellos versos románticos, y convertir luego aquellos ejercicios de lectura y enriquecimiento poético en una labor que sería ofrecida a los lectores, realizando un gesto de difusión de la obra del autor germánico. De esta forma podemos observar cómo una de las tantas asignaturas pendientes reservadas a la disciplina de la Literatura Comparada es el estudio de la recepción de la poesía de Hölderlin a lo largo de la primera mitad del siglo XX partiendo de las traducciones de conspicuos poetas como Carles Riba, Paul-Jean Jouve, Czeslaw Milosz, Octavio Paz, Joan Vinyoli, Michael Hamburguer o Luis Cernuda, entre otros.

Aunque me haya extendido más de lo adecuado en esta presentación, este detenimiento va a ser muy útil para detectar qué tanto la evolución poética de Cernuda como su decisión de traducir la obra de Hölderlin no son hechos específicos, anecdóticos o circunstanciales, sino que se trata de comportamientos que corresponden a una época histórica y literaria muy concreta. Tengamos en cuenta que para el poeta andaluz la lectura de la poesía de Hölderlin representó la apropiación de un ámbito de la tradición que hasta el momento

[7] Gabriel Ferrater, "Les 'Versions de Hölderlin', per Carles Riba", *Sobre literatura*, Barcelona, Edicions 62, 1979, p. 34.

le había sido vedado —como sucedió a Trakl o a Riba—, y que hasta entonces se había limitado a la poesía superrealista y a la poética modernista de la generación del 98. Cernuda cuenta explícitamente en *Historial de un libro* que se aproximó a la obra del poeta alemán "cansado de la estrechez en preferencias poéticas de los superrealistas franceses";[8] así pues, una vez dejada atrás la experiencia literaria que representó *Donde habite el olvido*, fatigado de su estilo poético inicial en forma de "poemitas breves a la manera de Machado y Jiménez", y después de abominar de la "limitación mezquina de aquello que en años inmediatos anteriores se llamó poesía 'pura' ",[9] parece lógico que a mediados de los años treinta se viera huérfano de referentes literarios que pudiera tomar como modelo (teniendo en cuenta que las fórmulas poéticas contemporáneas no se adaptaban a su talento, y la gran tradición literaria española más inmediata, la del romanticismo español, en algunos momentos le resultaba un tanto sentimentalista: como indicó en 1932 al confesar que la literatura romántica de la península "muchas veces ha transformado en insolentes diamantes o perlas las pobres lágrimas humanas, que si tienen algún valor es precisamente su transparente e insólita pobreza").[10] Por su parte, Cernuda encuentra el distanciamiento y la sequedad que la poesía moderna requiere en determinados autores que han sido capaces de combinar las dos grandes tradiciones de los últimos trescientos años, el clasicismo ilustrado y el sentimentalismo romántico, y entre los cuales se halla la figura de Hölderlin con su producción lírica. Concretamente, en las observaciones preliminares con que inicia los *Estudios sobre poesía española contemporánea* (1957), el poeta sevillano caracterizó la poesía moderna como una combinación perfecta de dos estilos o modos literarios que coexistieron a finales del setecientos: "hasta ese momento incierto, a finales del siglo XVIII, cuando, como ocurre con la poesía de las demás lenguas modernas, el neoclasicismo cede al romanticismo y ambas direcciones, extrañamente, parecen coexistir en algunos poetas, engendrando un lirismo que no es clásico ni tampoco romántico, sino moderno, como ocurre con la poesía de Blake, de Hölderlin, de Leopardi, de Nerval, de Pushkin".[11]

[8] Luis Cernuda, *Historial de un libro*, en *Prosa completa*, p. 915.

[9] *Idem.*

[10] *Ibid.*, "Unidad y diversidad" (1932), pp. 1250-1251.

[11] *Ibid.*, "Observaciones preliminares" (*Estudios sobre poesía española contemporánea*, 1957), p. 301.

Cernuda comenzó a "leer y a estudiar a Hölderlin" —apunta él mismo en *Historial de un libro*— una vez que ya había comenzado la escritura de los poemas de la colección *Invocaciones a las gracias del mundo*, justo "antes de componer el 'Himno a la tristeza'", que data del 28 de octubre de 1935, es decir, cuando faltaba un solo poema para acabar esta sección de *La realidad y el deseo* —a saber "A las estatuas de los dioses" (8 de noviembre de 1935)—, y ya había compuesto los ocho restantes, teniendo en cuenta que el poema más reciente, "A un muchacho andaluz", data del 22 de octubre de 1934. Esta afirmación del autor andaluz debe ser entendida en sentido lato, y no creo que de sus palabras debamos inferir que hasta la fecha de 1935 no tuviera conocimiento de la obra de Hölderlin, puesto que Cernuda nos está hablando del momento en que se dispuso a traducir seriamente la obra del autor alemán con la ayuda de Hans Gebser, gracias al cual, escribe, "pude poner en práctica mi propósito de estudiar a Hölderlin, de quien había leído algo".[12]

Tengamos en cuenta que la primera referencia escrita que se conserva de Hölderlin en la obra de Cernuda data de 1929, en la pequeña pieza de prosa simbólica titulada *El indolente*, y que sería publicada en *Tres narraciones* (1948). El narrador de *El indolente* cuenta cómo en Sansueña —un pueblo arquetípico del marítimo sur andaluz— conoció a Don Míster, un inglés que había comprado una casa entre las peñas y que se había dirigido a aquel lugar movido por sus intereses arqueológicos, ya que en una isla cercana a la playa, la Pena Muerta, se hallaban sumergidas las ruinas "de un templo contemporáneo de las colonias griegas del país"; concretamente, este personaje relata cómo llegó a Sansueña "en busca de una supuesta estatua helenística, la estatua del dios a quien dieron culto en ese templo, y que presumía estaba enterrada junto a las rocas de la Pena Muerta".[13] De todas formas, a quien encuentra Don Míster por aquellas tierras es al personaje de Aire, una figura alegórica e ideal del joven efebo del sur, de piel tostada y pelo rubio, que se convertiría en el guía e instructor autóctono del forastero. Concretamente, de este mozo nos dice que "no parecía criatura de las que vemos a diario, sino emanación o encarnación viva de la tierra", y que la primera vez que se le apareció andaba desnudo y saltando entre las peñas "con agilidad de elemento

[12] *Ibid.*, *Historial de un libro*, p. 916.

[13] *Ibid.*, *El indolente* (1929) (*Tres narraciones*, 1948), p. 195.

y no de persona humana"[14] (apariencia que recuerda a la que ingeniara Shakespeare para Ariel, el espíritu del aire de *La tempestad*).

En medio de esta narración aparece la alusión a una obra de Hölderlin, aquella que Don Míster encontró olvidada en la primera casa que habitó en Sansueña: se trataba del *Hyperion*, que a partir de entonces se convirtió en "el único libro que [pudo] leer en tal momento", tendido sobre la arena al lado de Aire. Don Míster indica al narrador que nunca más se vio capaz de leer ese libro, afirmación que no debe resultar extraña, puesto que aquel semidiós sureño, Aire, a quien el inglés adoraba y con quien compartió la lectura del libro de Hölderlin, acabaría ahogado al intentar sacar a flote la estatua hundida del dios; pero la principal razón de aquella incapacidad de lectura se halla en el hecho de que tanto Aire como el titán Hyperión, ejemplos de "el héroe juvenil", son "héroes vencidos [...] como su creador, mas con derrota que la muerte convierte en victoria",[15] al igual que Empédocles —otro de los héroes de que se ocupa la lírica de Hölderlin.

Cernuda comienza a componer, a mediados de los años treinta, una nueva colección de poemas con el título de *Invocaciones*, y procede igual que el personaje de su narración, puesto que pretende recuperar de las ruinas un cierto esplendor clásico e invocar las figuras de unos dioses ya inaccesibles que pertenecieron a un mundo arcádico ya desaparecido. Por esta razón la pieza inicial del libro en cuestión va a ser el poema "A un muchacho andaluz",[16] centrado en la descripción de la hermosura de un joven que surge de improviso —de la misma manera que lo hizo Aire en *El indolente*— de "entre pinos antiguos de perenne alegría" (v. 5), y es una "emanación del mar cercano" (v. 6), semejante a una Venus nacida del Ponto clásico: una figura simbólica, una "expresión armoniosa de aquel mismo paraje" (v. 27), a través de la cual el yo poético tiene acceso a la potencia natural del sur.

> Con sus luces el violento Atlántico,
> Tantas dunas profusas, tu Conquero nativo,
> Estaban en mí mismo dichos en tu figura (vv. 45-47).

[14] *Ibid.*, p. 200.

[15] *Ibid.*, "Hölderlin (Nota marginal)" (1935), p. 1304.

[16] Luis Cernuda, *La realidad y el deseo (1924-1962)*, México, Fondo de Cultura Económica, 1998 (1936/1964), p. 107 (desde este momento voy a citar todos los poemas de Cernuda a partir de esta edición).

La imagen descrita del joven andaluz va a tomar visos de estatua de dios pagano, esculpida bajo las leyes de la belleza helenística, y el yo poético se va a postrar a sus pies descubriendo en ella "más que verdad de amor, verdad de vida" (v. 31); y creerá en ella, en esa "forma primera" (v. 13) y única de realidad y memoria, cuando se halle flotando boca arriba, abandonado a las corrientes marinas, haciéndose el muerto y venerando al dios sol.

Pero el poema donde más se deja percibir la huella del *Hyperión* de Hölderlin es "El joven marino",[17] en el cual el yo poético describe la visión repetida y continuada, antes de hacerse a la mar, de este joven pescador que es visto semejante a un alado semidiós pagano bajo el sol de la playa:

> Porque en ella te vi cruzar, sombrío como una negra aurora,
> Arrastrando las alas de tu hermosura
> Sobre su dilatada curva, semejante a una pomposa rama
> Abierta bajo la luz (vv. 62-65).

Aunque se repite la misma fórmula planteada en "A un muchacho andaluz", este poema añade el contraste que se establece entre la mayestática figura del joven marino y el resto de trabajadores de la salina y la tierra, "aquellos menudos cuerpos oscuros, | Parsimoniosamente movibles, | Junto a los bueyes fulvos" (vv. 71-73). El yo poético muestra el éxtasis que alcanza cada vez que ve al marino hacerse a la mar, "el único ser de la creación digno de ti | Y tu cuerpo el único digno de su inhumana soberbia" (vv. 96-97), y como si se tratara de un encuentro original entre el creador y su creación, describe cómo las barcas se pierden entre las sombras del atardecer que cubren las aguas pavorosas y abisales, al tiempo que se queja de este encuentro nocturno, dado que la rutilante hermosura del joven marino merecería una unión amorosa con el mar al alba —el momento propicio del amor. El poema se cierra al referir aquella vez que el agua amante del mar devolvió el cadáver del marino,

> Igualmente hermoso así, joven marino,
> Desgarradoramente triste con tu belleza inhabitada,
> Como cuando tornasolaba la vida tus miembros melodiosos (vv. 135-137).

[17] Luis Cernuda, *La realidad y el deseo (1924-1962)*, cit., pp. 120-125.

Al igual que en la época y en la obra de Hölderlin, Cernuda también nos presenta en sus poemas "un mundo heroico [...] surcado brevemente con radiantes vidas juveniles, apagadas antes de llegar al mediodía, como el destino de los mancebos mitológicos",[18] como aquel Ganímedes a quien se dirigiría en el poema "El águila", de *Como quien espera el alba* (1944) —motivo que también sedujo el genio de Hölderlin en su "Ganímedes".

No obstante, el yo poético de "El joven marino" concluye que aquella belleza sin alas seguía siendo más ligera que el agua, aun sin el aliento de vida que la animaba, y al no tenerla presente confiesa que "Así tu muerte despierta en mí el deseo de la muerte, | Como tu vida despertaba en mí el deseo de la vida" (vv. 146-147). En este sentido, el cuerpo sin vida del joven marino es hasta cierto punto comparable a las estatuas de los dioses, a quienes se dirige en el poema homónimo —y final— de *Invocaciones*: aquellas estatuas "hermosas y vencidas" (v. 1), al igual que la belleza juvenil, son el testimonio de aquellos pasados "tiempos heroicos y frágiles" (v. 23), en que los hombres eran ingenuos —para utilizar la categoría schilleriana—, libres y adictos a los dioses.

> Aún no había mordido la brillante maldad
> Sus cuerpos llenos de majestad y gracia.
> En vosotros creían y vosotros existíais;
> La vida no era un delirio sombrío (vv. 10-13).

Sin embargo, al igual que los dioses a quienes representaban, hoy las estatuas yacen "mutiladas y oscuras" (v. 25), han perdido todo su esplendor marmóreo, y se ennegrecen en un medio hostil, "entre los grises jardines de las ciudades" (v. 26), lejos de las fuerzas naturales que les insuflaban energía.

Para el yo poético de Cernuda la verdad se encuentra en el completo esplendor perdido de aquel tiempo politeísta y panteísta de mitos paganos, y por ello ruega a los restos de las estatuas "impasibles reinad en el divino espacio" (v. 38), porque de esta forma se asegura la pervivencia de "el amor, la poesía, la fuerza, la belleza, [de] todos estos remotos impulsos que mueven al mundo".[19] Por esta misma

[18] Luis Cernuda, "Hölderlin (Nota marginal)" (1935), en *Prosa completa*, p. 1302.
[19] *Idem.*

razón, el yo poético de "El joven marino" prefería el cuerpo inerte de aquel ser casi deífico al mundo real de la vida de los hombres y mujeres, que "chocan sin verse unos a otros sus frentes de vergüenza" (v. 126), y que pueblan de miseria, con sus tristes destinos, la tierra que un día estuvo habitada por los dioses. Son aquellos hombres que mueren de una muerte cotidiana "entre la mujer y los hijos, | Desnudos los pies bajo la luz funeral de acetileno, | Acechando el sueño en sus yacijas junto al mar" (vv. 101-103), y que en el poema "La gloria del poeta"[20] —uno de los primeros diálogos con el diablo de la poesía cernudiana— caracteriza como aquellos seres "perdidos en la naturaleza" (v. 33) que aceptan una existencia monótona y decrépita:

> Cómo levantan con avaricia el mentón,
> Sintiendo un miedo oscuro morderles los talones;
> Mira cómo desertan de su trabajo el séptimo día autorizado,
> Mientras la caja, el mostrador, la clínica, el bufete, el despacho oficial
> Dejan pasar el aire con callado rumor por su ámbito solitario (vv. 35-40).

Refiriéndose a la poesía de Hölderlin, en el prólogo a su traducción, Cernuda contrapone la "hermosa diversidad de la naturaleza y la horrible vulgaridad del hombre"[21] de la civilización burguesa y cristiana actual que ya no cree en dioses paganos y, "a diferencia de aquellas que la precedieron, ha decidido prescindir del elemento misterioso inseparable de la vida";[22] a causa de esta falta de fe en lo inmortal ha alcanzado el más alto grado de decadencia moral y social. Son estos "dioses crucificados" (v. 47) aquellos a quienes detesta el yo poético de "A un muchacho andaluz", "tristes dioses que insultan | esa tierra ardorosa que te hizo y deshace" (vv. 48-49). Pero el pensamiento que expone poéticamente Cernuda se ve completado por un ensayo de 1935, al realizar una "Divagación sobre la Andalucía romántica".

> Si se me preguntara qué es para mí Andalucía, qué palabra cifra las mil sensaciones, sugerencias, posibilidades unidas en el radiante haz andaluz, yo diría: felicidad. Tal vez esta creencia sea una obsesión de poeta. Hoy la vida es dura, fea y pobre. Y siempre ha sido achaque común a gente soñadora el

[20] Luis Cernuda, *La realidad y el deseo (1924-1962)*, cit. , p. 115.
[21] Luis Cernuda, "Hölderlin (Nota marginal)" (1935), en *Prosa completa*, p. 1302.
[22] *Ibid.*, "Palabras antes de una lectura" (1935), p. 874.

recrear su fantasía en los días de otra época imposible ya. La vida andaluza está ahora corrompida; alguna de sus ciudades se viene abajo materialmente, se consume en silencio, hasta un punto que no es necesario actuar de profeta para anunciar su desaparición espiritual, si no material [...]. La naturaleza es tan rica allí que sus dones debían bastar generosamente a quienquiera. Ha sido necesaria la feroz civilización burguesa para que el hombre del pueblo andaluz se viera desposeído en un ambiente donde todo respira, al contrario, abundancia y descuido.[23]

La moderna sociedad burguesa, capitalista, urbana y monoteísta "ha reducido la vida a [...] estrechos límites; vulgaridad y monotonía son nuestro alimento cotidiano",[24] concluye Cernuda en la primera versión de "Palabras antes de una lectura" (1935), con lo cual parece que al individuo contemporáneo solamente le quede la resignación, y la esperanza en la transmigración de las almas y en una vida futura.

Pero el yo poético cernudiano, rebelde de por sí —como si se tratara de un personaje romántico—, toma conciencia de su condición de ser expulsado que habita un tiempo que le es esquivo y extraño, y tras largo tiempo de perderse "por la tierra injusta | Como quien busca amigos o ignorados amantes" (vv. 11-12), y ocuparse en los inútiles subterfugios que proporciona al individuo la vida terrenal y cotidiana, decide aceptar su naturaleza, su unicidad y la expresa ya sin resignación, rencor ni acritud, en el dístico inicial del "Soliloquio del farero": "Cómo llenarte, soledad, | Sino contigo misma."[25] En este gran poema del autor sevillano se puede detectar aquel preciso instante en que se apropia de la misma actitud ante el mundo que caracterizó a la poesía de Hölderlin, para decirlo mediante la frase que atribuyó al vate alemán: es el momento de "la aceptación de su destino trágico y la reconciliación con la vida".[26] En su misma soledad encuentra su propia naturaleza pasada ("el eco de la antigua persona | Que yo fui", vv. 30-31), y una visión sentimental —también en el sentido schilleriano del término—, de retorno a la madre naturaleza, que le permite reencontrarse con todas sus formas divinas. Para expresar este pensamiento tan enteramente hölderliniano, Cer-

[23] *Ibid.*, "Divagación sobre la Andalucía romántica" (1935), p. 1280.
[24] *Ibid.*, "Palabras antes de una lectura (Primera versión)" (1935), p. 1497.
[25] Luis Cernuda, *La realidad y el deseo (1924-1962)*, México, cit., pp. 108 ss.
[26] *Ibid.*, "Vicente Aleixandre" (*Estudios sobre poesía española contemporánea,* 1957), en *Prosa completa,* p. 461.

nuda va a aplicar la misma técnica que él mismo detecta en algunos pasajes de la poesía de San Juan de la Cruz, puesto que hay algunos "momentos en que ni siquiera construye frases completas, sino que se limita a señalar, como si el arte del poeta fuese ya inútil, el nombre mismo de las cosas [...]. Idéntico balbuceo, menos divino pero no menos poético, tiene la expresión de Hölderlin cuando escribe";[27] incluso la de Cernuda en "Soliloquio del farero".

> Tú, verdad solitaria,
> Transparente pasión, mi soledad de siempre,
> Eres inmenso abrazo;
> El sol, el mar,
> La oscuridad, la estepa,
> El hombre y su deseo,
> La airada muchedumbre,
> ¿Qué son sino tú misma? (vv. 56-63).[28]

Pero el individuo que toma conciencia de su singularidad, de la inutilidad de la vida prosaica que lo envuelve, no se conforma con vegetar, sino que va a lanzarse al encuentro de las gracias del mundo (sintagma que debía formar parte del título de la colección, pero que desestimó el autor por grandilocuente), puesto que lo mueve un impulso vital e ineludible, aquel al que en el poema "El viento de septiembre entre los chopos"[29] llama "mi vano afán" que "persigue | Un algo entre los bosques" (v. 34), y que considera "un suspiro" de deseo en la siguiente pieza del libro, titulada "No es nada, es un suspiro". Si en "El viento de septiembre..." el deseo se saciaba con la contemplación efímera de unos "cuerpos esbeltos" (v. 32) escondidos tras unas cañas, en el poema "Por unos tulipanes amarillos", la inquietud, el afán y la melancolía surgen cuando desaparece el bello muchacho que ha venido a entregar unos tulipanes al yo poético: tras su marcha queda un vacío en su interior ("una ligera embriaguez por la casa va-

[27] *Ibid.*, "Tres poetas clásicos" (1941) (*Poesía y literatura*, 1960), p. 757.

[28] En 1932 Cernuda también se mostró iracundo contra la realidad de su país y contra sus gentes, y al redactar una poética en 1934 retoma aquellas antiguas palabras de odio y se plantea la posibilidad de reconocerse en aquel que escribió tales improperios, y sustituye aquel agrio fatalismo del pasado por un franciscanismo panteista (cf. Luis Cernuda, *Prosa completa*, p. 1260).

[29] Luis Cernuda, *La realidad y el deseo (1924-1962)*, cit., p. 111.

cía", v. 35) que solamente es compensado por la presencia de las flores, esteticismo sustitutivo de la belleza carnal que ha desaparecido:

> Tropiezan nuestros dientes en la elástica carne de la dicha,
> Como semilla en la pulpa coloreada de algún fruto
> ¿Dónde ocultar mi vida como un remordimiento? (vv. 43-45).

El yo poético quisiera haber perpetuado la presencia de aquel Mercurio alado, pero cuando se da cuenta el joven "rubio mensajero" (v. 25) ya ha desaparecido, y con él se ha fugado la capacidad de saciar sus deseos; de suerte que este poema se convierte en una explicación perfecta del mismo mecanismo que guía al poeta en su creación, ahora ya con conciencia de ser diferente ante el mundo: "el poeta intenta fijar el espectáculo transitorio que percibe. Cada día, cada minuto le asalta el afán de detener el curso de la vida, tan pleno a veces que merecería ser eterno."[30]

Es en el siguiente poema del libro, "La gloria del poeta", cuando el yo poético cernudiano coincide con la figura del poeta, e invocando a Satán mediante la fórmula baudelaireana de "Demonio hermano mío, mi semejante" (v. 1), se presenta como un ser condenado a asumir su condición irrepetible (diferente de la del resto de los hombres, "los seres con quienes muero a solas", v. 54), y a quien incluso le cansa su oficio de poeta, "la vana tarea de las palabras" (v. 71), en el cual ha hallado un cierto alivio, porque además de intentar encontrar y retener la belleza del mundo, a él se le reserva la ingrata tarea de crear "hermosos versos que arrojar al desdén de los hombres" (v. 23). En este sentido, cuando Cernuda se refiere a la tarea poética, en "Palabras antes de una lectura" (1935), hablará de cierto "poder daimónico [al cual] alude Goethe en sus conversaciones con Eckermann", que "acaso sea el mismo que consumía la vida de Hölderlin",[31] y que ha de llevar irremisiblemente a la condena del poeta, ya que éste pretende "fijar la belleza transitoria del mundo que percibe, refiriéndola al mundo invisible que presiente, y al desfallecer y quedar vencido en esa lucha desigual, su voz, como la de Satán en la respuesta del teólogo musulmán a que aludía, llora enamorada la pérdida de lo que ama".[32]

[30] *Ibid.*, "Palabras antes de una lectura" (1935), en *Prosa completa*, p. 874.
[31] *Ibid.*, p. 875.
[32] *Idem.*

Debido a todas estas razones el yo poético de "La gloria del poeta" se muestra tan desesperado ante la risa burlona del diablo que lo contempla desde las alturas, principalmente por la poca recompensa que reciben los seres de su condición, condenados a la melancolía y a la pena. No será extraño, por lo tanto, que pida al diablo la muerte como único consuelo, por si al final su deceso "puede hacer resonar la melodía prometida" (v. 82), ya que según Cernuda, en la primera versión de "Palabras antes de una lectura", el mismo don lírico de determinados poetas —entre los cuales cuenta a Hölderlin— "parece impulsarles a su destrucción, para llegar a no sé qué indescifrable libertad, lejos de nuestro sol, de nuestros árboles, de nuestros cuerpos, de nuestro mar, tan terrenos pero tan mortales".[33]

Pero a falta de muerte, el poeta se resigna a su soledad, porque "viven y mueren a solas los poetas" (v. 49), e invoca a su "madre inmortal" (v. 4) en su "Himno a la tristeza", declarándose "fortalecido [...] contra tu pecho" (v. 1). Si la naturaleza fue la madre esquiva del romántico, ahora es la tristeza, "la compasión humana de los dioses" (v. 85), quien cuida de los poetas y "les da fuerzas | Para alzar la mirada entre tanta miseria, | En la hermosura perdidos ciegamente" (vv. 59-61). Al ser extraño que es el poeta en el mundo moderno, consciente de sus anhelos y de sus insatisfacciones, sólo le queda el consuelo de embelesarse y soñar con el "trono de oro" y la "faz cegadora" de los dioses, "lejos de los hombres, | allá en la altura impenetrable" (vv. 47-48), como rezan los versos finales de "A las estatuas de los dioses" con que se cierra *Invocaciones.*[34]

Diversos han sido los artículos y pasajes de libros que hasta la fecha han tratado la relación de Cernuda y Hölderlin, y ésta ha sido abordada desde diferentes puntos de vista que, de forma conclusiva, quisiera pasar a referir. Para el estudio de esta influencia siempre se ha partido de las palabras que el autor sevillano anotara de su contacto como traductor con la poesía del poeta alemán, y por ello se ha relacionado el libro que por entonces estaba escribiendo, *Invocaciones* —como hemos tenido oportunidad de observar—, con el mundo lírico hölderliniano. De suerte que se nos indica cómo en este libro de los años treinta Cernuda va a retomar la idea hölderliniana de conexión general de todas las cosas del universo, con lo cual va a fundir

[33] *Ibid.*, "Palabras antes de una lectura (Primera versión)" (1935), p. 1499.
[34] Luis Cernuda, *La realidad y el deseo (1924-1962),* cit., pp. 129 ss.

la existencia individual con el universo poético;[35] aunque esta visión panteísta de la naturaleza ya se vislumbrara en *Los placeres prohibidos* y en "Los fantasmas del deseo"[36] y fuera desarrollada, posteriormente, en *Las nubes*.[37] Podemos ver, pues, cómo se aborda el estudio de la relación entre la poesía de los dos autores partiendo de la base de que Cernuda no se sometió a una influencia —propiamente dicha— sino que encontró un espíritu afín al suyo que iba a ayudarle a clarificar sus actitudes, con lo cual la influencia de Hölderlin representa la confirmación de una línea temática ya emprendida;[38] de hecho, Octavio Paz fue uno de los primeros en indicar que no hubo un descubrimiento de Hölderlin, sino un reconocimiento.[39]

Por esta misma razón se suele apuntar que el autor sevillano toma prestada de Hölderlin la idea divina del mundo y el tema de los dioses antiguos,[40] si bien ya había aparecido en "Égloga", "Oda" y "De qué país".[41] De todas formas, aun admitiendo las concomitancias entre los dos autores, Agustín Delgado concluyó que mientras Hölderlin escribió odas, elegías e himnos Cernuda se expresa en himnos elegiacos.[42] La mayoría de críticos cernudianos confirma que una de las mayores aportaciones que la lírica del autor germano hizo a los versos cernudianos fue la construcción de la figura del poeta, quien se convierte en el cantor de la Arcadia,[43] debido a la nostalgia que siente por una perdida edad de oro en armonía.[44]

También Cernuda plantea la idea de una sociedad alejada del mundo impenetrable de los dioses,[45] de un absoluto inalcanzable,

[35] Agustín Delgado, "La presencia de Hölderlin en *Invocaciones*", en *La poética de Luis Cernuda*, Madrid, Editora Nacional, 1975, p. 172.

[36] Derek Harris, *La poesía de Luis Cernuda*, Granada, Universidad de Granada, 1992, p. 103.

[37] Luis Maristany, *Luis Cernuda. La realidad y el deseo*, Barcelona, Laia, 1970, p. 174 (cf. Derek Harris, *op. cit.*, p. 108).

[38] Derek Harris, *op. cit.*, p. 103.

[39] Octavio Paz, "La palabra edificante" (1964), en Derek Harris (ed.), *Luis Cernuda*, Madrid, Taurus, 1977, p. 144.

[40] Luis Maristany, *op. cit.*, p. 194 (cf. A. Delgado, *op. cit.*, p. 179; D. Harris, *op. cit.*, p. 102; N.C. McKinlay, *The poetry of Luis Cernuda*, p. 16).

[41] Derek Harris, *op. cit.*, p. 105.

[42] Agustín Delgado, *op. cit.*, p. 180.

[43] Jenaro Talens, "Prólogo" a Friedrich Hölderlin, *Poemas* (trad. L. Cernuda), Madrid, Visor, 1996 (1974), p. 13.

[44] Derek Harris, *op. cit.*, p. 103.

[45] Neil C. McKinlay, *The poetry of Luis Cernuda. Order in a world of chaos*, Londres, Tamesis, 1999, p. 29.

como Hölderlin muestra en “Diótima” o en “Pan y vino”[46] —aunque el poema cernudiano más influido por esta pieza sea “Noche de luna” (*Las nubes*, 1937-1940)—; y en medio de esta realidad el poeta se halla desligado de los intereses de sus contemporáneos, y se convierte en un ser sin función en un tiempo de penuria. Quizá por esta razón el vate de los versos de Cernuda no se muestra como intermediario sino como espectador de la belleza externa del mundo, si bien la figura del poeta que muestran los poemas del autor alemán toma visos de intercesor entre el mundo de los dioses y el de los hombres.[47] Así pues, el fervor religioso que muestran los protagonistas de los poemas hölderlinianos se restringe en el caso del autor sevillano, dado que su fervor se dirige a las gracias del mundo “que se traducen imaginativamente en dioses, en figuras mitológicas, en esbeltos jóvenes, en el demonio hermano, de rizada cabellera, en ‘eros’ de la naturaleza”.[48]

Según Derek Harris, Cernuda hereda de Hölderlin la certeza de la hostilidad de la sociedad hacia el poeta, quien posee un poder daimónico, ya que es alguien poseído por esa fuerza y destruido por ella, con lo cual, a imagen de los poemas del poeta romántico, la idea de un destino trágico se trasluce en los versos del autor sevillano,[49] y a partir de entonces la presencia de la muerte toma una importancia determinante.[50] Desde la distancia que le otorga su naturaleza diferente, al dirigirse a su demonio particular en “La gloria del poeta”, el yo poético cernudiano denuncia los valores degradados de la sociedad contemporánea, y eso recuerda la ira con que el *Hyperión* de Hölderlin ataca al pueblo alemán.[51]

Sin embargo, contrasta tal cantidad de referencias temáticas entre la obra de los dos autores —incluso entre poemas concretos—,[52] con las escasas alusiones a las influencias formales que recibió Cernuda del autor alemán: entre las pocas que el lector puede encontrar, Agustín Delgado advirtió que en los poemas hölderlinianos abundan las formas en segunda persona gramatical y la personificación de fuerzas

[46] *Ibid.*, p. 3.
[47] Agustín Delgado, *op. cit.*, pp. 174-175.
[48] *Ibid.*, p. 178.
[49] Derek Harris, *op. cit.*, p. 103.
[50] Philip Silver, “Cernuda, poeta ontológico” (1975), en Derek Harris (ed.), *op. cit.*, p. 205.
[51] Derek Harris, *op. cit.*, p. 109.
[52] María Victoria Utrera Torremocha, *Luis Cernuda: una poética entre la realidad y el deseo*, Sevilla, Diputación de Sevilla, 1994, p. 45.

y estados naturales,[53] como sucedía en *Invocaciones*; y, como indicara recientemente María Victoria Utrera Torremocha, Cernuda empieza a realizar definitivamente composiciones de cierta extensión a partir del contacto con Hölderlin, y de ahí se introducirán el poema narrativo y una apuesta clara por la objetivación en las piezas de corte dramático —de las cuales el "Soliloquio del farero" sería ejemplo—[54] que abundarán en su producción poética de la segunda mitad del siglo XX. Pero hasta la fecha no se ha incidido lo suficiente en el movimiento del verso largo que pasará a dominar Cernuda por influencia del verso hölderliniano, a raíz de las traducciones al español que hizo de estos poemas, dado que en todo momento quiso mantener el mismo número de versos que el original. Esta voluntad de ser fiel al aspecto externo de los poemas le iba a obligar a poner en práctica largos versículos regidos por la misma métrica silábico-acentual, pero utilizando unidades lineales que se hallaban fuera del elenco que contempla la tradición española.

De suerte que el poeta andaluz utilizó, para sus traducciones, versos tradicionales y versículos con cesura, que combinaban hemistiquios de versos impares (pentasílabos, heptasílabos, eneasílabos y alejandrinos: aquellos versos que la silva modernista iba a habilitar para integrar esta estrofa), ejercitándose en una forma poética que representaba, hasta cierto punto, una innovación dentro de la propia tradición métrica española. Para sus traducciones poéticas del autor alemán, Cernuda combinó las bases silábico-acentuales —que aseguraban una innegable musicalidad— junto con el versolibrismo contemporáneo, de herencia whitmaniana y aleixandriana, edificado sobre las bases de la esticomitia, de la unidad de pensamiento para cada una de las líneas —de los versos—, ejercitándose en el empleo del verso largo que fue el que a partir de entonces sólo iba a abandonar puntualmente para expresar poéticamente su propia imaginación, imprimiendo una forma musical y externa inconfundible a su obra poética madura. Por su parte, el intelectual valenciano Enric Sòria, en su dietario *Mentre parlem. Fragments d'un diari iniciàtic* [*Mientras hablamos. Fragmentos de un diario iniciático*, 1991], comenta y compara las traducciones de Hölderlin que hicieran Carles Riba y Luis Cernuda en una anotación del 7 de marzo de 1983. Sòria argumenta que ambos se apropian del

[53] Agustín Delgado, *op. cit.*, p. 172.
[54] María Victoria Utrera Torremocha, *op. cit.*, p. 36.

vate romántico, y si bien la versión del poeta catalán posee una severidad clásica seca y rectilínea, por su parte, "el Hölderlin de Cernuda tiene una sonoridad plena, un ritmo ondulatorio, con ecos evidentes del Barroco español. La vivacidad de las imágenes combinada con la rotundidad de los finales conmueve hondamente."[55]

En este sentido, a lo largo de *Invocaciones* —tal y como este ensayo ha pretendido mostrar—, se puede percibir cómo Cernuda va adoptando "una visión nueva del mundo"[56] que aprendió de su relectura, estudio y traducción de la poesía del autor alemán; y esta nueva perspectiva imaginativa encontraría en la versión española que utilizó el poeta sevillano para trasladar el verso hölderliniano el instrumento perfecto para formularla poéticamente, de una forma adecuada y personalísima. Así pues, a partir de entonces —hasta su *Desolación de la Quimera*—, Cernuda comparte con Hölderlin "la misma dramática aptitud para participar, aun débilmente, en una divinidad caída y en un culto olvidado, [que] convierte a esos seres mortales en seres semidivinos perdidos entre la confusa masa de los humanos". Si, como nos dice el poeta andaluz, "tal fue el caso de Friedrich Hölderlin",[57] hoy podemos decir tajantemente: tal fue el caso de Cernuda.

[55] Enric Sòria, *Mentre parlem. Fragments d'un diari iniciàtic (1979-1984)*, Barcelona, Edicions 62, 1991, p. 117.

[56] Luis Cernuda, "Historial de un libro" (1958), en *Prosa completa*, p. 916.

[57] *Ibid.*, "Hölderlin. Nota Marginal" (1935), p. 1303.

5. LA IMPORTANCIA DE LA JUSTEZA DE TONO
(Tres modos poéticos de la poesía contemporánea)

> Voz que incesante con el mismo tono
> canta el mismo cantar,
> gota de agua monótona que cae
> y cae sin cesar.
>
> GUSTAVO ADOLFO BÉCQUER
> *Rimas*

Aunque la crítica literaria nace con un claro propósito de ofrecer una opinión lo más justificable y objetiva sobre la obra literaria, por cuanto a nadie interesa lo que un crítico ha desayunado o a qué altas horas de la noche se mete en la cama, quisiera permitirme la pudorosa libertad de relatar el episodio real del que nació mi interés por el tono literario y "La importancia de la justeza de tono". La primera semana de septiembre de 1999 yo me hallaba visitando Londres y acerté a llevar conmigo una reciente grabación que habían hecho los poetas catalanes Pere Rovira y Joan Margarit de sus versos, acompañados por los más importantes temas de jazz.[1] Debía ir paseando por la concurrida Trafalgar Square cuando sonó en mis auriculares el poema "La vaga" ["La huelga"], que relata las impresiones que recibe un paseante un día de huelga. Quizá no fue hasta aquel momento cuando me di cuenta de la perfección del poema, pero curiosamente, cuando al volver a casa intenté releerlo sobre el papel no podía señalar dónde radicaba el acierto del poema, no podía decir qué parte me gustaba más, cuáles eran las palabras que lo hacían perfecto para mí. Posiblemente aquello que me resultaba más sugerente era el hecho de que el yo poético estaba manifestando sus opiniones políticas y sociales, estaba tomando partido claramente ante la realidad pero no de una forma directa y manifiesta, sino que lo hacía indirectamente, con sordina. En ese momento recordé uno de los apuntes que el

[1] Joan Margarit y Pere Rovira, *Paraula de jazz*, Lleida, Institut d'Estudis Ilerdencs-Diputació de Lleida, 1999.

poeta W.H. Auden incluye en el capítulo titulado "Escribir", de *La mano del teñidor*, y que reza lo siguiente: "la integridad de un escritor se encuentra más amenazada por las llamadas de su conciencia social y sus convicciones políticas y religiosas que por las apelaciones de su codicia. Moralmente confunde menos ser ensartado por un viajante que por un cura."[2] Caí cautivado por estos versos por la misma razón por la que se vio seducido Auden al leer la poesía de Marianne Moore: "me sentí atraído por el tono de voz, así lo preservé, y estoy muy agradecido de haberlo hecho, porque hoy hay pocos poetas que me den tanto placer al leerlos".[3]

Por entonces ya había decidido que aquello que me era más sugerente de aquel poema era el tono que la voz poética adoptaba, convencido de lo que apuntó ya Josep Carner, que el tono es un "elemento fundamental en poesía".[4] Pero a partir de aquel momento se me presentaba una tarea mucho más ardua, que consistía en poder llegar a describir el tono del poema y cuál era el acierto de Pere Rovira respecto a los demás poemas que pueden tener un contenido social o político, siempre teniendo en cuenta las palabras que el teórico Juan Ferraté anotó en uno de los artículos que integraban su *Dinámica de la poesía*: "el testimonio social de la poesía es un valor del tono, no del asunto".[5] Sobre esta conciencia de la problemática del tono nadie se ha referido más claramente, hasta el momento, que el crítico y profesor I.A. Richards, en *Practical criticism. A study of literary judgement* [*Crítica práctica. Un estudio sobre el juicio literario*, 1929], resultado de su experiencia docente, al decir que "el tono, tomado como rasgo formal de un poema, es más difícil de examinar que los otros, y su importancia puede pasar fácilmente inadvertida. Y, no obstante, hay poesía que careciendo de otras cualidades notables, es a veces de muy alta categoría sólo por lo perfecta que es la actitud del poeta hacia sus oyentes."[6] De las palabras del *new critic* inglés deducimos que la descripción del tono sólo es posible si planteamos el

[2] W.H. Auden, "Escribir", en *La mano del teñidor y otros ensayos*, Barcelona, Barral Editores, 1974, p. 25.

[3] W.H. Auden, "Marianne Moore", en *The dyer's hand & Others essays*, Londres, Faber & Faber, 1963 (1948/1962), p. 298.

[4] Josep Carner, "Segon llibre de poesies d'Àngel Guimerà" (1921), *op. cit.*, p. 151.

[5] Juan Ferraté , "Dos poetas en su mundo" (1960), en *Dinámica de la poesía. Ensayos de explicación 1952-1966*, Barcelona, Seix Barral, 1968/1982, p. 362.

[6] I.A. Richards, "Sentido y sentimiento", en *Crítica práctica*, Madrid, Visor, 1991 (1929), p. 192.

poema como una situación comunicativa en que una voz poética, el yo poético (personaje ficticio o figuración literaria del poeta), se dirige a un tú poético (aquello que en términos narratológicos sería descrito como el narratario).

Emisor y receptor deben hallarse en la misma onda para alcanzar la "justeza de tono" en las palabras, pero ésta sólo puede ser determinada por el poeta al escribir y escoger sus argumentos y su exposición, puesto que detrás del tono de un poema se descubre la "actitud" del emisor, su particular y concreto punto de vista. Paul Valéry confirmaría esta afirmación en uno de sus cuadernos de notas, al escribir que "el 'tono' de un autor es un asunto capital. Se ve enseguida, por el tono, a quién se dirige";[7] ya que, evidentemente, según quien tome por lector ideal o bien por interlocutor concreto condicionará (por medio de sus conocimientos, su forma de expresión, su percepción de la vida, etc.) la actitud que debe adoptar el hablante —quien debe siempre adecuarse a su auditorio para que se produzca una comunicación feliz. Luis Cernuda ofrecería una definición muy parecida del concepto de tono poético en un pasaje suprimido de su ensayo "El crítico, el amigo y el poeta. Diálogo ejemplar" (1948): "visión, en otros términos, es la percepción singular que el poeta tiene de la realidad, luego presentada al lector de modo inmediato o indirecto. Tono es la dicción y acentuación con que el poeta, sirviéndose del lenguaje común, traslada al lector la representación de aquella realidad. Ambas son tan personales e involuntarias como nuestra experiencia."[8] Pero continuando con el discurso de Richards, a la luz de lo que ha apuntado Cernuda, al establecer los cuatro aspectos distinguibles y estudiables de un poema, se demoraba —juntamente con el sentido, el sentimiento y la intención— en el tono:

> el hablante habitualmente toma *una actitud hacia su oyente.* Escoge o arregla las palabras de modo diferente según los distintos auditorios, *percatándose* automática o deliberadamente *de su relación con él.* El tono de su elocución muestra que es consciente de tal relación, que siente su postura ante aquellos a quienes se dirige.

[7] Paul Valéry, "Cahier B 1910", en *Œuvres,* París, Bibliothèque de la Pléiade, 1960, vol. II, p. 577.

[8] Luis Cernuda, "El crítico, el amigo, el poeta. Diálogo ejemplar" (1948), en *Prosa completa,* Barcelona, Barral Editores, 1975, p. 1501.

Podríamos decir que Richards se ha convertido en la máxima autoridad en la materia en cuanto al tono se refiere y que sus definiciones se han vuelto antológicas por antologadas, pero no debemos olvidar aquello que nos recuerda el crítico soviético Mijail Bajtín, al aducir, en *Freudianismo: Una crítica marxista*, que el tono, o la entonación, no sólo tiene en cuenta esta relación entre emisor y receptor, sino que está "orientada *en dos direcciones*: hacia su oyente como aliado o testimonio y hacia el objeto de expresión como el tercero, participante vivo a quien la entonación amonesta o cuida, denigra o magnifica".[9] El tono del poema tanto reflejará la "actitud" que toma el emisor con respecto al receptor —que conoce, presupone o que su mismo discurso construye—, como la "actitud" que adopta hacia la materia de su discurso. Por lo tanto, dos preguntas nos asaltan al intentar determinar el tono de un poema: en primer lugar, ¿cómo se dirige el poeta a su receptor?, y, en una segunda instancia, ¿cómo trata el tema de su poema?

A partir de ahora debemos admitir que si hablamos de "tono" estamos presuponiendo una "actitud" del sujeto poético, el hablante, en relación con el objeto poético, y con relación a su interlocutor. El problema es que, aunque nos olvidemos de él, aunque nos pase inadvertido, siempre hay un "tono", porque siempre hay un punto de vista desde donde observamos la realidad; tal y como diría Jaime Gil de Biedma a propósito de la poesía de Jorge Guillén, en el ensayo "El mundo y la poesía de Jorge Guillén" (1960), "el tono depende de las diferentes actitudes mentales que a lo largo del discurso se adoptan".[10] Desde el siglo XVIII hacia acá, el yo percipiente ha tomado conciencia de que no puede observar la realidad como algo externo a su particular visión, a su concepción. El mismo hecho de intentar observar y racionalizar la realidad conlleva, además, una consideración sentimental por parte del observador-creador. Ésta es una de las tesis que expone el magnífico libro de Robert Langbaum, *La poesía de la experiencia* (1957), que también centra la reflexión del artículo de Auden, "El poeta y la ciudad" (de *La mano del teñidor*), y que en cierto

[9] *Apud.*, M.H. Abrams, *A glossary of literary terms*, Fort Worth, Hartcourt Brace College Publishers, 1993 (1941), p. 156. En lo referente a la actitud del escritor respecto a su héroe narrativo remito al estudio que dedica Mijail Bajtín a "Autor y personaje en la actividad estética" dentro del volumen *Estética de la creación verbal* (cf. Mijail Bajtín, *Estética de la creación verbal*, México, Siglo XXI, 1982, pp. 13 ss.).

[10] Jaime Gil de Biedma, "El mundo y la poesía de Jorge Guillén", en *El pie de la letra*, Barcelona, Crítica, 1980/1994, p. 82.

modo ya había formulado el olvidado libro de Christopher Caudwell, *Ilusión y realidad* (1937), en un precioso y perspicaz artículo titulado "El mundo y el yo".

Este "tono-del-sentimiento" es inherente a toda experiencia: por una parte, existe la realidad, el sector objetivo del plano consciente, y por otra la actitud subjetiva hacia ella. Uno es el plano del "yo", el otro es el plano del Universo. Hemos de decir que cada objeto real tiene como resultado de nuestra experiencia asociaciones subjetivas adheridas a él, pero por supuesto éstas no son adjuntadas mecánicamente, sino que dependen de la situación —interna o externa.[11]

Caudwell percibe claramente la importancia del tono en la literatura, en la poesía, porque demuestra una actitud. Así, al presentarse una experiencia ésta no nos llega cruda, inocente, sino que se nos presenta cocinada: la realidad es un guiso en que se mezclan los objetos externos, la actitud del hablante y el tono con que se enuncia. Dirá Caudwell:

podría preguntarse: ¿por qué no hay una palabra diferente para el tono-del-sentimiento, otra para el objeto, y así incrementar la plasticidad del lenguaje y facilitar la claridad? La respuesta es: no existe en la naturaleza o en la posibilidad de la experiencia; porque la separación entre el tono-del-sentimiento y el objeto real es una abstracción. En realidad son uno —parte de una relación activa sujeto-objeto. Nosotros podemos separar el plano consciente en cualidades reales (u objetivas) y aparentes (o cualidades subjetivas), pero la separación es artificial.[12]

El autor inglés nos ha descrito perfectamente la importancia del tono en cualquier mensaje, es decir, en la formulación de toda realidad, ya sea interna o externa, pero su lúcida definición aparentemente nos ha llevado a un callejón sin salida. Si no puede separarse la realidad de su percepción ha de ser imposible tratar del tono como elemento discernible, separable y comparable de cualquier poema. Hasta cierto punto esta afirmación no puede ser desmentida, por lo tanto, tratar del tono en poesía es realizar esta abstracción que denunciaba Caudwell, y de la cual hemos de ser conscientes en todo momento.

[11] Christopher Caudwell, "The World and the I", en *Illusion and reality. A study of the sources of poetry*, Londres, Lawrence & Wishart, 1946 (1937), p. 148.

[12] *Ibid.*, p. 147.

Quizá la forma óptima de observar objetivamente sobre el poema esta abstracción que realizamos al intentar determinar el tema es fijarnos en los signos de puntuación, tal como indica Jaime Gil de Biedma al tratar de Guillén: "en el lenguaje escrito es principalmente la puntuación quien se encarga de precisarnos, juntamente con el orden sintáctico de la frase, el tono propio de ella y de cada una de sus partes".[13] Siguiendo esta misma línea de argumentación, en su día Theodor W. Adorno decidió incluir una reflexión a propósito de los signos de puntuación en el primer volumen de sus *Notas sobre literatura* (1958). Para el autor alemán estas marcas gráficas son las señales de tráfico del lenguaje escrito que dotan al texto de una alta musicalidad, pero de entre los signos de puntuación cabe destacar la función que tuvieron a lo largo del ochocientos, y principios del siglo XX, los signos de admiración, la cual se considera incómoda para la modernidad, porque "los signos de admiración se han vuelto insoportables en cuanto gestos de autoridad con que el escritor trata de poner desde fuera un énfasis que el asunto mismo no ejerce, mientras que la contrapartida musical del signo de admiración, el *sforzato*, sigue siendo hoy tan imprescindible como en tiempos de Beethoven, cuando señalaba la irrupción de la voluntad individual en el tejido musical".[14] Si bien los signos de puntuación, y muy especialmente las marcas admirativas, han indicado durante muchos años la actitud del escritor y se han convertido, por lo tanto, en evidencias del tono, aun siendo los más importantes —como nos recordaba Ricardo Gullón en *Una poética para Antonio Machado* (1970)—, no son estos elementos gráficos los únicos que nos ayudan a determinar el tono del poema.

La escritura es un sistema imperfecto, pero útil, para representar en la escritura las variedades del tono: los signos ortográficos, exclamación, interrogación, puntos suspensivos, ayudan a determinarlo; luego, o a la vez, el texto lo sugiere: un adjetivo, una nota de color, acaso basten para dar el tono y sugerir la atmósfera [...]. Los diminutivos y alteraciones de las palabras, la situación de éstas en el verso, la frecuencia con que algunas aparecen, serán indicios de cómo es la intuición dominante en el poema.[15]

[13] Jaime Gil de Biedma, "El mundo y la poesía de Jorge Guillén", en *El pie de la letra*, p. 129.

[14] Theodor W. Adorno, "Signos de puntuación" en *Notas de literatura*, Madrid, Akal Ediciones, 2003 (1974), p. 106.

[15] Ricardo Gullón, *Una poética para Antonio Machado*, Madrid, Gredos, 1970, p. 118.

Ahora ya sabemos, más o menos, qué es el tono poético, su importancia en todo discurso para evidenciar la actitud o el talante del hablante y cómo podemos identificarlo en un texto, pero una vez más nos asalta otra preocupación, y es que en el estudio que hace Gullón de Machado llega a distinguir hasta tres tonos diferentes. A saber: el tono del poema concreto, el tono del poeta —disposición temporalmente permanente—, y el tono de época. Así pues, a la hora de analizar el tono en la poesía hemos de tener siempre presentes estas tres variables, de entre las cuales me parece especialmente importante la tercera: el tono de época. Cuando I.A. Richards se ocupaba del tono poético, comparaba el tono con las "buenas formas" sociales, es decir, con una manera de proceder protocolariamente al dirigirse a un interlocutor determinado sobre una materia concreta en una situación dada y específica. De modo que podemos ver claramente cómo los usos sociales van variando a lo largo de los países y de los siglos y también las convenciones literarias que afectan a los géneros. Entendámonos, no es lo mismo un poema romántico que un poema contemporáneo, precisamente porque existe una diferente relación entre el yo poético y el tú poético (el receptor del poema), y entre aquél y la materia que le ocupa. De esta forma, es muy importante que el tono de un poema actual (coincida o no con el tono del poeta) se ajuste al tono de la poesía contemporánea, porque "si se malogra —tal y como apunta Gullón— la conjunción entre lo epocal y lo personal, o entre estos factores y el circunstancial de la poesía misma que se está escribiendo, el tono suena falso, equívoco".[16] Si para T.S. Eliot la situación comunicativa por antonomasia de la poesía era la de una persona dirigiéndose a otra, y se consideraba más que aceptable para la contemporaneidad la utilización de una tercera voz en que se daba la palabra a un personaje dramático (como observaba en el celebérrimo artículo "Las tres voces de la poesía"), su compatriota W.H. Auden, en "El poeta y la ciudad", describiría perfectamente el tono poético de nuestra época en una famosa frase que Jaime Gil de Biedma comentaría años después cuando defendiera "el tono impersonal de la voz" de la poesía medieval:

> educados en una tradición poética que, del Romanticismo acá, con demasiada frecuencia ha fluctuado entre la impostura de la personalidad y la impersonalidad impostada, entre la voz del histrión poeta y la de nadie hablando a nadie,

[16] *Ibid.*, p. 109.

nos fascinaba el acento tan naturalmente interpersonal de muchos de aquellos versos. Mas por aquí veníamos de nuevo a enlazar con una estirpe poética moderna que era ya la nuestra, la de quienes pensamos que el tono propio de la poesía de esta época es un tono íntimo de voz, el de una persona hablando directamente a otra persona, según ha dicho Auden, y no a un vasto auditorio; cuando un poeta moderno levanta la voz siempre suena falso.[17]

Jaime Gil, en "La imitación como mediación, o de mi edad media" (1985), apuntaba el principal problema que tiene el poeta contemporáneo, que no es otro que el de la adecuación del tono de su voz al tema que está tratando y al lector ideal que él mismo construye. Después de las efusiones sentimentalistas románticas, y de las patéticas conexiones entre los sentimientos y la realidad objetiva (que tan bien describió críticamente John Ruskin al acuñar el término de la "falacia patética"), la contemporaneidad, tal y como nos describe Robert Langbaum en su ya citada monografía, intenta transcender el tono efusivo del romanticismo a través de una objetivación de los propios sentimientos poéticos, consciente de que es imposible aprehender la realidad de forma racional exclusivamente, sin emotividad alguna. La "máscara", el "correlato objetivo", la "capacidad negativa", el "monólogo dramático", los "heterónimos", los "complementarios", entre otras, no dejan de ser estrategias literarias utilizadas por los poetas contemporáneos como subterfugio para expresar sus sentimientos ante la realidad y que no suenen ridículos: con ellas intentan evitar la inmediatez de expresión de la poesía romántica. Si el poeta cae en la falsedad de tono tendrá como resultado un mal poema, y es que, como dijo Richards en *Principios de crítica literaria* (1924/1926), "a veces el arte es malo porque la comunicación es defectiva, el vehículo inoperante, a veces porque la experiencia comunicada carece de valor; a veces por las dos cosas".[18]

Estas palabras insertas en el artículo "La mala calidad en la poesía" nos son muy útiles, precisamente, para enfrentarnos al análisis de un poema en el cual podamos suponer que está fallando el tono: dado que este elemento no puede separarse de la actitud del yo poético que se presenta en el poema, ni de la percepción de la realidad que

[17] Jaime Gil de Biedma, "La imitación como mediación, o de mi edad media" (1985), en *El pie de la letra*, p. 285.

[18] I.A. Richards, "Badness in poetry", en *Principles of literary criticism*, Londres, Routledge & Keagan Paul, 1960 (1924/1926), p. 156.

el poema pretende mostrar, pudiera ser que el vehículo fuera inoperante, o bien que la experiencia comunicada careciera de valor. Sin embargo, las principales faltas de tono de un poema contemporáneo suelen ser debidas a un exceso de emotividad por parte del yo poético, que nos hace percibir como poco convincentes los sentimientos que se exponen, es decir, como inverosímiles. Esta exageración de la pasión fue advertida por el mismo Gottfried Benn en su famoso artículo titulado "Problemas de la lírica" (1951), cuando enumeró los cuatro síntomas que el lector debe conocer para poder determinar si un poema de 1950 pertenece o no a su época:

> el cuarto es el tono seráfico. Cuando se empieza enseguida, o se llega sin demora, al murmullo de hontanares y arpas, a la noche hermosa y al sosiego y a las cadenas sin principio, a la más alta esfera y acabamiento, si el poeta se eleva, victorioso, hasta las estrellas, canta el renacimiento de lo divino y da rienda suelta a otros sentimientos cósmicos, estamos ante una especulación barata que juega con el sentimentalismo y pusilanimidad del lector. Este tono seráfico no es una superación de lo terrestre, sino una fuga ultramundana. Pero el gran poeta es un gran realista, muy cercano a todas las realidades: se carga de realidades, ama lo terrenal, es, según la leyenda, una cigarra nacida de la tierra, el insecto ateniense. Con enorme cautela, distribuirá el tono esotérico y seráfico sobre los duros estratos de la realidad.[19]

Pero también puede parecer molesta cierta condescendencia con que el yo poético trate al receptor del poema, en concreto cuando el poeta se siente obligado a detallar la explicación o a añadir sentenciosas frases admonitorias, precisamente por esta tendencia contemporánea a evitar el exceso de implicación que pudiera comportar la aparición de cierto sentimentalismo. Para repetir una de las respuestas que ofreció Gabriel Ferrater en una entrevista, citando a uno de los autores que forjaron la estética del siglo XX, "para decirlo con una frase de Brecht (o de Walter Benjamin, no recuerdo): un escritor no tiene que sobar su tema, sino mantenerse a distancia, lo cual significa que el tema ya tiene que existir".[20] Es posible observar un ejemplo de

[19] Gottfried Benn, "Problemas de la lírica" (1951), en *El yo moderno*, Valencia, Editorial Pre-Textos, 1999, p. 185.

[20] Gabriel Ferrater, "*Gabriel Ferrater o las mujeres* por Federico Campbell", en *Papers, cartes, paraules*, Barcelona, Quaderns Crema, 1986, p. 512. Al final de este fragmento el autor catalán expresa la misma idea de objetivación de los temas, en tanto que valor

esta hinchazón o insinceridad en un poema de tipo vanguardista, de un futurismo epigonal, que la revista *Producción* reprodujo en su primer número de 1937, en plena guerra civil.

FÁBRICA

Tensión nerviosa de máquinas eléctricas;
respirar fatigoso de calderas
—pulmones de trabajo que quieren explotar.
Un rechinar de dientes de las sierras mecánicas.
El corazón febril de los motores
lanza su sangre caliente
que recogen las venas continuas
de todas las poleas.
Se estremecen en largas convulsiones
los músculos de acero del taller.
Los cepillos despeinan en largas espirales
las piezas fabricadas.
Alientos de energía que llenan los espacios de las naves.
¡Un magnífico esfuerzo!
Hoy no es Ayer.
Hay una supervisión de la vida futura.
¡Máquinas y hombre
todo igual…!
Amalgama fundida en una fiebre nueva,
que alcanza el grado máximo
de la columna térmica…
¡Fábrica…! ¡Fábrica…!
Trabajo sin cesar…[21]

Este poema de J. Villarroel de Ancos titulado "Fábrica" constituye un elogio al trabajo comunal que se produce en las fábricas, enten-

literario, que ya había explicado a propósito de Carner en una de las conferencias de literatura catalana que realizó en la Universitat de Barcelona a finales de los años sesenta: "hay en Carner el efecto de distanciación de Brecht; objetiva los temas: Carner no 'manosea' su tema, lo pone a distancia" (cf. Gabriel Ferrater, "Josep Carner" en *Conferències de literatura catalana* (inédito), 1965-1967, p. 3).

[21] J. Villarroel de Ancos, "Fábrica", en Serge Salaün, *La poesía de guerra de España*, Madrid, Castalia, 1985, pp. 260-261.

didas como grandes animales mecánicos que son descritos en todos sus detalles (calderas, dientes de sierras mecánicas, motores, poleas, piezas fabricadas…), los cuales figuran ser los órganos de estas grandes naves por medio de metáforas *in praesentia*, o impuras. Dentro de estas fábricas existe una igualación entre mecanismos artificiales y operarios, porque "¡Máquinas y hombre | todo igual!" (vv. 17-18), y se cree en un futuro que pueda modificar la realidad. Los versos de Villarroel pretenden difundir una esperanza, pero entiendo que los medios de que se vale son demasiado burdos y pedestres para producir el efecto deseado en un lector de poesía contemporánea; entre otras razones porque no establece una distancia entre el centro de su imaginación y la página impresa, al escribir se ha dejado llevar por aquel mismo ímpetu —aquella "fiebre nueva" de que habla en el verso 19— que supone en el trabajo fabril, y que le lleva a acumular los signos admirativos, o a terminar el poema repitiendo la palabra fábrica seguida de puntos suspensivos y entre signos de admiración. Al final, concluye con un último verso que se convierte en epifonema del poema, pero que lo sobrexplica, puesto que a lo largo de todos los versos el lector ya ha podido advertir que en la fábrica hay un beneficioso "trabajo sin cesar…" Pero no es sólo éste el punto donde se da esta misma aclaración innecesaria, puesto que si se nos dice que "hay una supervisión en la vida futura" (v. 16), el poeta contemporáneo no se puede permitir el lujo de incluir en su poema una obviedad tal como la que ocupa el verso 15, "Hoy no es Ayer", sin correr el riesgo de enojar al lector al verse tratado como un niño.

De todas formas, quisiera poder comparar este poema con otra pieza de la tradición española contemporánea donde se produce un elogio parecido del trabajo, en el cual el poeta consigue expresar sus ideas pero sin caer en esta hinchazón o fatuidad en la que incurrió Villarroel. Estoy haciendo referencia a un poema que en 1918 Manuel Machado incluyó en *Sevilla y otros poemas*, y que lleva por título "La huelga".

LA HUELGA

"¡Compañeros y amigos! Esta tarde,
con su buen sol de invierno,
serena y clara brinda
a dejar el trabajo, y al paseo
contemplativo de las agrias sierras

que rodean Madrid. Peripatéticos,
filosofando, conversando, dando
suelta al pensar y al caminar, marchemos.
El sol, que da en la mesa, y en su rayo
hace bailar el polvo de los viejos
librotes, engarzando
de oro el papel, la pluma y el tintero,
nos llama fuera. Es fiesta
en el aire, en la tierra y en el cielo."
"¡Vamos!..." Mas otro dijo: "¡Camaradas,
esperad un momento!
Nuestro deber es trabajar. La vida
—será prosaico—, pero
no es una fiesta. Es una lenta obra,
cuyo principio y cuyo fin no vemos.
Soldados del deber, innominados,
no de gloria, de honor es nuestro puesto.
Nuestra labor oscura
sigamos... Tras el cielo
despejado, los mundos también siguen
su labor en silencio.
Bajo esas pardas tierras
luchan, para brotar, los tallos tiernos.
Socava el agua la montaña. Activos
corren los ríos, aletea el viento,
y el mar fluye y refluye
cotidiano e inquieto.
Todo se afana y todos.
La luz amable de este sol de invierno
que nos visita, dice:
—¡Trabajemos alegres, compañeros!"
Sonó el reloj. Los rostros
hacia la mesa se inclinaron serios.
Rasguearon las plumas.
Y llenó el aire un grave pensamiento.

En el rayo de sol, el viejo polvo
siguió bailando de los libros viejos.[22]

[22] Manuel Machado, "La huelga", en *Antología poética*, Madrid, Emesa, 1977, pp. 99-100.

Esta pieza del autor sevillano contrasta con la monodia del poema de Villarroel de Ancos, precisamente por el movimiento de la imaginación que caracteriza a este segundo. Entendámonos, "La huelga" está compuesto por tres órdenes de discurso diferente: el último de ellos se halla al final del poema, a partir del verso 37, y es el que corresponde a una de las voces que se oyen en el poema, concretamente a aquella que introduce, glosa y comenta las intervenciones de los dos personajes que participan activamente como acicates para sus compañeros. El segundo yo poético a tener en cuenta es el que interviene en la primera parte del poema (vv. 1-15), y con un estilo directo alienta a sus compañeros de trabajo, y les anima a abandonar la oficina y a solazarse bajo un "buen sol de invierno" (v. 2): la luz solar invita a pasear, a conversar y a reflexionar, abandonando las monótonas tareas cotidianas entre polvorientos libros —acaso de cuentas— y cuatro paredes. Por otra parte, la intervención del tercer yo poético interrumpe la del segundo, y conmina a los demás trabajadores a no abandonar su puesto de trabajo; y no lo hará desde la amabilidad de alguien que empieza su discurso invocando a "¡Compañeros y amigos!" (v. 1), sino desde la asunción de unas relaciones sociales basadas en una labor común, al invocarlos en tanto que "¡Camaradas!" (v. 15). Este tercer yo poético ocupa la segunda parte del poema (vv. 15-36), y recuerda sus obligaciones al resto de individuos que se disponían a abandonar la oficina diciendo que "nuestro deber es trabajar" (v. 17), y al añadir otro tópico: "la vida | —será prosaico—, pero | no es una fiesta" (vv. 17-19). A pesar del cúmulo de lugares comunes que repite este yo poético, se aprecia cierta distancia, cierta conciencia de la naturaleza de sus afirmaciones, al añadir el comentario "será prosaico" que le permite un discurso mucho menos fatuo que el del poema de Villarroel. Inmediatamente después este yo poético hace un repaso del incansable curso de los elementos naturales, e interpreta de forma positiva y festiva la tarde de bonanza, puesto que "la luz amable de este sol de invierno | que nos visita, dice: —¡Trabajemos alegres, compañeros!" (vv. 34-36).

Al final del poema parece que ninguno de los oradores (ni aquel que invitaba a una huelga —de carácter social o bien particular—, ni aquel que incitaba al trabajo, por ser condición inseparable del ser humano) logra convencer al resto de sus compañeros, sino que es la incapacidad de la decisión y el avance del tiempo lo que les impone sus obligaciones: en este sentido es mucho más difícil evitar el deber impuesto culturalmente, que la inactividad o la diversión que tienen un carácter natural. Al sonar el reloj que indicaba el inicio del horario de trabajo todos se sientan a escribir, mientras "llenó el aire un grave pensamiento", que bien pudiera ser qué estarían haciendo si hubieran atendido a su deseo de fiesta. El dístico final del poema indica que todo permanece igual, y que el polvo del paso del tiempo se deja percibir en el haz de luz solar que tan distintas sugestiones ha suscitado.

A pesar de que en este poema se observan personajes defendiendo sus opiniones sobre la vida, y de que se pueda tomar el poema como un alegato del trabajo y de las obligaciones contraídas diariamente, el autor mantiene su tema a distancia —para decirlo en términos ferraterianos—: no podemos adjudicar ninguna de las opiniones expresadas en este poema a la persona de Manuel Machado, pero el hecho es que ello poco importa, puesto que oculta su punto de vista tras dos personajes que representan dos ideas contrarias. De esta forma, al atribuir la mayoría de las palabras del poema a dos personajes que se están dirigiendo a sus compañeros de trabajo para convencerlos de que actúen o dejen de actuar, al concretar estas ideas en una situación casi dramática, el poeta se asegura de que el lector no va a tomar como estilo exagerado el tono admirativo de muchas de sus frases, ni se va a sentir ofendido por ninguna actitud admonitoria (como podía suceder en el caso del poema de Villarroel, puesto que no había ningún personaje ficticio que pronunciase aquellas palabras, ni tampoco se construía una situación que hiciera verosímil aquel tono exaltado, como sí sucede en el poema de Manuel Machado).

Se puede decir que los versos del poeta español adoptan un tono que se ajusta a la situación que traza el poema, mientras que la pieza de Villarroel de Ancos, al no describir ni crear ninguna escena particular y concreta, utiliza un tono exaltado como si fuera el más natural para el lector de poesía contemporánea, cuando, en el fondo, el estilo propio de la poesía del siglo XX es el de alguien hablando para sí mismo o para un auditorio reducido —como dijo Eliot en "Las tres voces de la poesía"—, o para formularlo como lo hizo Auden en "El poeta y la ciudad": "el estilo característico de la poesía 'moderna' es un tono de voz íntimo, el discurso de una persona dirigiéndose a otra, no a un gran auditorio".[23] Años atrás Eliot también se había encargado de establecer esta diferencia entre estilo conversacional y

[23] W.H. Auden, "El poeta y la ciudad", en *La mano del teñidor*, p. 98.

estilo oratorio en un artículo de su primer libro de ensayos (*The sacred wood*, 1920), al referirse a las diferencias entre "Drama 'retórico' y drama poético".

> En nuestros días hay una preferencia manifiesta por lo "conversacional" en poesía —el estilo del "habla directa", opuesto al "oratorio" y al retórico; pero si el retórico es cualquier convención de escritura aplicada inapropiadamente, este estilo conversacional puede convertirse y se convierte en una retórica— o aquello que se supone como estilo conversacional, porque a menudo es tan remoto del discurso formal como pueda serlo.[24]

El crítico angloamericano hace referencia a la convencionalidad del tono del siglo XX, que consiste en el propio de la conversación íntima, pero dejando muy claro que se trata de un uso de época, puesto que este estilo es tan "retórico" —por lejano del tono de voz habitual— como lo pudo ser el enfático que la estética romántica difundió a principios del siglo XIX (y que William Wordsworth defendió como el propio del habla natural en el "Prefacio" a las *Lyrical ballads*, en la edición de 1802). Antonio Machado también hizo referencia a este tono contemporáneo en uno de los breves poemas que escribió durante la época que produjo *Campos de Castilla* (1907-1917):

> Oh, sí, la mejor poesía
> se canta en el tono del
> cuento de la buena pipa...[25]

Sin duda alguna, el yo poético machadiano agradece y valora un tono de confianza entre emisor y receptor, puesto que el "cuento de la buena pipa" sugiere una escena de un abuelo fumando en pipa contando una historia a su nieto; además, debemos notar que no será gratuito que reserve para la poesía el tono narrativo y franco del relato, pero sin olvidar los componentes musicales y métricos que la aproximan al canto. La poesía de tono íntimo y conversacional será, sin duda, "la mejor poesía". Pero lo que podríamos restringir a un

[24] T.S. Eliot, "'Rethoric' and Poetic Drama", en *The sacred wood. Essays on poetry & criticism*, Londres, Methuen, 1960 (1920), p. 79.

[25] Antonio Machado, "Oh, sí la mejor poesía", en *Obras completas. Tomo II: Poesías completas* (ed. O. Macrì), Madrid, Espasa Calpe y Fundación Antonio Machado, 1989, p. 779.

uso circunscrito a la primera parte del novecientos, y a una poética determinada, nos es desmentido por una de las voces poéticas más destacadas de la actualidad, como lo es la de Luis García Montero. El poeta granadino, al recopilar sus primeros libros de poesía en un volumen de 1994, escribió un prólogo titulado "Trazado de fronteras" donde iba a reflexionar sobre su oficio poético, sobre la poesía que más le complacía, y sobre el tono de su lírica:

> el tono de poesía que más me interesa no es el de la iluminación o la retórica manifiesta, sino el que se elabora en el truco de la sencilla confesión amistosa, a través del artificio estético de la naturalidad. Ése es el mundo poético que me facilita un ámbito de sinceridad moral, una justificación de mi propia tarea.[26]

Desde la poesía que el mismo García Montero denominó de la "otra sentimentalidad", al habilitar una frase escrita por Antonio Machado en el que debía ser su discurso de ingreso en la Real Academia, se sigue reivindicando a finales del siglo XX una misma línea de estilo tonal que asegura para cierto tipo de poéticas un mismo tono.

A pesar de todo, si es posible admitir el tono exaltado que constantemente se da en "La huelga" de Manuel Machado es porque éste está dramatizando una escena pública, con lo cual, concibe a los protagonistas del poema lírico como personajes de una especie de pequeño drama en verso: es la tercera de las voces de la poesía, para utilizar la nomenclatura eliotiana, la que detectaríamos como propia de estos versos. Aunque el poeta haya dejado de ser él mismo y se haya escudado tras dos máscaras, ha conseguido ser sincero desde el punto de vista de aquellas voces, y ha logrado encontrar y delimitar una perfecta situación que permitiera la exaltación del discurso dentro de la poética contemporánea que apuesta por un tono de voz íntimo. Unas palabras que escribió Eliot en 1920, del artículo "Drama 'retórico' y drama poético", son muy útiles para designar el procedimiento poético que utiliza Manuel Machado en su poema.

> De hecho no hay ninguna forma conversacional, ni ninguna otra, que pueda ser aplicada indiscriminadamente; si un escritor desea dar efecto de habla debe dar positivamente el efecto de hablar él mismo en su propia persona o

[26] Luis García Montero, "Trazado de fronteras", en *Además*, Madrid, Hiperión, 1994, p. 12.

en uno de sus roles; y si nos tenemos que expresar a nosotros mismos, nuestra variedad de pensamientos y sentimientos, sobre una variedad de temas con inevitable propiedad, debemos adaptar nuestras maneras al momento con variaciones infinitas.[27]

Tal y como indica Auden en "Escribir", ya no hace falta que un poeta comparta las opiniones expuestas en un poema, y con más razón si ofrece la voz a un personaje, de todas maneras sí que se requiere un alto ejercicio de coherencia, puesto que "es indispensable que sus emociones se encuentren profundamente comprometidas, y esto no puede suceder a menos que, como persona, considere a la idea o creencia como algo más serio que un mero material poético".[28] Ésta es la premisa esencial para conseguir no caer en la trivialidad de las ideas expresadas.

A raíz de las opiniones de críticos y poetas que hemos tenido la oportunidad de comentar, resulta esencial añadir un término más a nuestro discurso para valorar la justeza de tono de un poema, y éste es el de "sinceridad" del yo poético, como clave necesaria para considerar creíble un poema. Como dice Pere Ballart en su espléndido último libro, *El contorn del poema* (1998),

guste o no, si hablamos de poesía, la sinceridad artística debe pesar más que la individual, y es un hecho comprobado desde hace tiempo, que son los mejores sentimientos los que suelen dictar los peores poemas. Y también que, como explicaba Nabokov en su *Curso de literatura rusa*, debemos distinguir "sentimental" de "sensible", aunque sea porque aplicado a las personas, un sentimental puede ser una perfecta bestia en sus ratos libres, mientras que la persona sensible, en cambio, nunca debe ser cruel.[29]

Nunca podemos esquivar los propios sentimientos al percibir la realidad, es decir, al construirnos y pensarnos como sujetos sociales, en tanto que personas que nos levantamos y nos acostamos. Así el poeta contemporáneo, cuando ejerce como tal, es decir, al componer un poema, no evita sus sentimientos, antes al contrario, los busca

[27] T.S. Eliot, *op. cit.*, p. 80.

[28] W.H. Auden, "Escribir", en *La mano del teñidor*, p. 25.

[29] Pere Ballart, "Sobre les bones maneres" en *El contorn del poema*, Barcelona, Quaderns Crema, 1998, p. 224. Tiene que aparecer recientemente una versión de este volumen ampliada y adaptada al castellano: *El contorno del poema*, Barcelona, Sirmio, 2004.

como fuente de composición, pero teniendo muy en cuenta los peligros en que puede incurrir si deja que lo dominen: debe intentar controlarlos perfectamente, porque el tono de la poesía contemporánea, como hemos visto, no permite efusiones ni alteraciones bruscas. De toda esta problemática era consciente Gabriel Ferrater al trazar su poética en el "Epílogo" a su primer libro de poesía *Da nuces pueris* (1960): "uno de los motivos que nos hacen escribir poesías es el deseo de ver hasta dónde podemos levantar la energía emotiva de nuestro lenguaje y esto nos lleva a escoger temas insidiosos, muy aptos a sobornarnos y a obtener de nosotros un exceso de participación. Pero no debemos consentirlo, y la obligación primera del poeta delante de un tema es ponerlo en su lugar, sin contemplaciones."[30]

El tono de la poesía contemporánea obliga al poeta actual a tener siempre presente su percepción sentimental de la realidad (dada nuestra insoslayable herencia romántica), pero evidenciando precisamente esa sentimentalidad de su percepción, es decir, imponiendo una distancia manifiesta entre la realidad y sus sentimientos, nunca ocultándolos ni falseándolos, sino disimulándolos conscientemente o evidenciando ese disimulo. Como dijo Jaime Gil de Biedma en un coloquio, dialogando, entre otros, con Carlos Barral: "lo que debe hacer un poeta moderno es mostrar los límites subjetivos de esa integración entre hechos, objetos y significaciones. Es decir, sólo una vez que en el poema estén claramente expresos los límites subjetivos de la integración de valores y significaciones con objetos y hechos, el poema será válido."[31] Exclusivamente en el momento que se cumpla esta conjunción que exponía el poeta español, entonces se podrá estar de acuerdo en que una pieza ha alcanzado la justeza de tono requerida; no obstante, incluso los grandes poetas, en algunas ocasiones, no logran esa perfecta adecuación y yerran algunas de sus piezas: no consiguen esa validez del poema. Esto, precisamente, es lo que nos expone Ricardo Gullón con respecto a uno de los más conocidos poemas de Machado: "así ocurre cuando el poeta pretende adoptar un tono que no es el suyo, aunque sea el de la época y el del tema, y así le ocurrió alguna vez a Machado. Para escribir poesía política le faltaban, o acaso le sobraban, cuerdas a su arco: y no quiero decir que fuera

[30] Gabriel Ferrater, "Epíleg" a *Da nuces pueris*, Barcelona, Empúries, 1987 (1960), pp. 74-75.

[31] Jaime Gil de Biedma, "Sobre el hábito de la literatura como vicio de la mente y otras ociosidades" (1976), *op. cit.*, p. 227.

insincero al intentarlo, sino que a veces no encontró las palabras y los ritmos necesarios para lograr una poesía que él sabía otra, de otro."[32] Aunque el poeta sevillano conocía perfectamente el tono poético de su tiempo, la poesía de invocación o de panegírico quizá no fuera la forma más adecuada a su talento: no era insincero al intentarlo pero, sin duda, Gullón encontraba insincero el resultado, el poema acabado. En Machado, como tal vez en el poeta norteamericano Robert Frost, se da una actitud parecida que coincide bastante exactamente con el tono poético de la lírica contemporánea, especialmente si tenemos en cuenta la descripción que pergeña Auden en el artículo titulado "Robert Frost": "el tono de voz de Frost, incluso en sus piezas más dramáticas, es el de un hombre hablando a sí mismo, pensando en voz alta o difícilmente consciente de una audiencia".[33]

Uno de los grandes problemas de la poesía contemporánea es el de intentar conjugar su tono de voz intimista con temas manifiestamente públicos, como los que caracterizan a la poesía social. Éste fue el problema con el que se encontró Machado al intentar dedicar un soneto al líder militar republicano, Enrique Líster. Esta misma dificultad sería planteada por el mismo Auden en "El poeta y la ciudad", autor que —recordémoslo— en *Another time* [*Otro tiempo*, 1940] dedicó "poemas ocasionales" a figuras literarias y públicas como W.B. Yeats, Ernst Toller e incluso Sigmund Freud.

> Es extremadamente difícil hoy utilizar figuras públicas como temas para la poesía porque lo bueno o lo malo que hacen depende menos de sus caracteres e intenciones que de la cantidad de fuerza impersonal a su disposición [...]. Todo intento por escribir sobre personas y acontecimientos, por muy importantes que sean, con los cuales el poeta no está íntimamente relacionado de forma personal está ahora destinado al fracaso.[34]

Según el crítico y poeta inglés, los poetas contemporáneos son personas mal preparadas para comprender la economía o la política, si a ello añadimos que el gran hombre del siglo XX —desde su punto de vista— no es otro que el científico, entonces veremos que los héroes han cambiado, desde el siglo anterior: "el héroe característico no es el 'Gran Hombre' ni el rebelde romántico, sino el hombre o la mujer

[32] Ricardo Gullón, *op. cit.*, p. 109.
[33] W.H. Auden, "Robert Frost", en *The Dyer's Hand*, p. 344.
[34] *Ibid.*, "El poeta y la ciudad", en *La mano del teñidor*, p. 95.

que, dentro de cualquier actividad, [...] logra adquirir y conservar un rostro propio".[35] Así pues, en un siglo marcado por la privacidad —tal como indica Auden—, en que el tono de voz poético es el de conversación íntima (tengamos en cuenta que José Ortega y Gasset escribió que "*El espectador* [...] es un libro escrito en voz baja"),[36] resulta muy difícil tratar de asuntos públicos, acontecimientos que afectan a una sociedad o a parte de ella, entre otras cosas porque el poeta no se puede permitir el lujo de equivocar el tono, y cuando alza la voz o la imposta más de lo debido puede sonar falso: "una de las cosas más desagradables de la vida es equivocarse de tono —incluso en una simple frase—",[37] como escribió el poeta italiano Cesare Pavese en su diario *El oficio de vivir* (1952), y la experiencia nos lo confirma día a día. Entendámonos, cuando la poesía se hace permeable a temas propios de la oratoria o de trato público en voz alta, ante una gran audiencia, puede adolecer de los mismos males que el discurso retórico, el principal de los cuales puede ser la grandilocuencia necesaria para impactar a la audiencia, tal y como advirtió a sus alumnos Juan de Mairena: "el orador necesita impresionar a su auditorio, y para ello refuerza con el tono, el gesto, y a veces la cosmética misma, todo cuanto dice, y a pesar suyo dogmatiza, enfatiza y pedantea en mayor o menor grado. Vicios son éstos añejos a la oratoria, de los cuales yo mismo, cuando os hablo en clase, no estoy exento."[38]

De todas formas, a lo largo del novecientos, los autores han hallado estrategias para poder reflexionar a propósito de su realidad circundante y poder situarse moral e ideológicamente respecto a ella, y creo que en la poesía se pueden apreciar tres modos tonales básicos para formular literariamente el centro de su imaginación y no equivocar el tono cuando el sujeto contemporáneo sale de su ámbito personal y pretende llevar a cabo una reflexión sobre su sociedad. En primer lugar podríamos detectar un tono irónico en aquellos poemas en que no se describe la sociedad directamente sino que el yo poético presenta un elemento que el lector asocia fácilmente con la realidad:

[35] *Ibid.*, p. 98.

[36] José Ortega y Gasset, "Verdad y perspectiva" (1916), en *Obras completas*, Madrid, Alianza Editorial, 1993 (1983), vol. 2, p. 17.

[37] Cesare Pavese, "11 de agosto de 1940", en *El oficio de vivir. El oficio de poeta. Narrativa completa*, Barcelona, Bruguera, 1981 (1952-1979), vol. 1, p. 260.

[38] Antonio Machado, *Juan de Mairena. Sentencias, donaires, apuntes y recuerdos de un profesor apócrifo* (ed. J.M. Valverde) (§ VIII), Madrid, Editorial Castalia, 1971 (1936), p. 75.

una figuración deformada, una seudorrealidad. El uso de la metáfora en estos poemas suele ser sustancial, así como el de la antífrasis. Así pues, la distancia del centro del yo poético con respecto a la realidad aparece clara, y muchas veces se utiliza la burla o la sátira como forma de expresión jocosa o crítica de la actitud del yo poético. Una de las muestras en la poesía española de segunda mitad del siglo XX nos la ofrece Jaime Gil de Biedma en el poema "El arquitrabe".

EL ARQUITRABE

Andamios para las ideas

Uno vive entre gentes pomposas. Hay quien habla
del arquitrabe y sus problemas
lo mismo que si fuera primo suyo
—muy cercano, además.

Pues bien, parece ser que el arquitrabe
está en peligro grave. Nadie sabe
muy bien por qué es así, pero lo dicen.
Hay quien viene diciéndolo desde hace veinte años.

Hay quien habla, también, del enemigo:
inaprensibles seres
están en todas partes, se insinúan
igual que el polvo en las habitaciones.

Y hay quien levanta andamios
para que no se caiga: gente atenta.
(Curioso, que en inglés *scaffold* signifique
a la vez andamio y cadalso.)

Uno sale a la calle
y besa a una muchacha o compra un libro,
se pasea, feliz. Y le fulminan:
Pero ¿cómo se atreve?
¡El arquitrabe…![39]

[39] Jaime Gil de Biedma, "El arquitrabe", en *Las personas del verbo*, Barcelona, Seix Barral, 1992 (1975/1982), p. 51.

Este poema, que Jaime Gil de Biedma incluyó en *Compañeros de viaje* (1959), presenta un retrato bastante fiel de la España de la segunda mitad de los años cincuenta que le vio nacer. Tengamos en cuenta que ya el 29 de marzo de 1957 Carlos Barral anotó los primeros versos de este poema en uno de sus diarios,[40] y que en el *Diario del artista seriamente enfermo*, que corresponde al año 1956, Jaime Gil de Biedma confesó haber "escrito un poema que me tiene bastante contento. Por primera vez he utilizado la ironía —desde que leí *Salmos al viento*, de José Agustín Goytisolo, quería hacerlo—, y no ha resultado mal."[41] Años después Carme Riera confirmará que aquel primer uso poético de la ironía correspondió a "El arquitrabe".[42]

Si se tuviera que resumir el argumento de este poema, se debería decir que el yo poético refiere la nociva influencia que tiene el arquitrabe sobre una sociedad entera, convirtiéndose en algo casi estructural o familiar, cuando se trata de un término arquitectónico: "hay quien habla | del arquitrabe y sus problemas" (vv. 2-3). Pero para mayor claridad, empecemos por definir qué podemos entender por arquitrabe, según el *Diccionario de la Real Academia Española*: "parte inferior del entablamento, la cual descansa inmediatamente sobre el capitel de una columna".[43] Si alguien podría no mostrarse sorprendido por el hecho de que un poema escrito a mediados del siglo XX se titule "El arquitrabe", nadie puede realizar una lectura enteramente realista de éste sin interpretar irónicamente la utilización del término arquitectónico que lo encabeza. Para eludir a la censura presente en la España de posguerra, y para jugar con la complicidad del lector, Jaime Gil de Biedma decide aludir al gobierno dictatorial de Francisco Franco, y al sistema político y social que se hallaba por él condicionado, como el arquitrabe.

En la primera estrofa se burla de aquellos ciudadanos que discuten los problemas del gobierno y del país como si los conocieran de primera mano, y los tacha de "gentes pomposas", que gesticulaban socialmente y se mostraban preocupados por el destino de la nación. A

[40] Carlos Barral, *Los diarios 1957-1989* (ed. C. Riera), Madrid, Anaya y Mario Muchnik, 1993, p. 35.

[41] Jaime Gil de Biedma, *Diario del artista seriamente enfermo*, Barcelona, Lumen, 1974, p. 160.

[42] Carlos Barral, *op. cit.*, p. 362.

[43] Real Academia Española, "Arquitrabe", en *Diccionario de la Lengua Española*, Madrid, Espasa Calpe, 1992, vol. 1, p. 193.

la luz de los primeros versos, Carme Riera nos recuerda —citando un pasaje de Emilia Pardo Bazán— que "'arquitrabe' significa bizantinismo, tontería y en ese sentido lo utiliza también Jaime Gil en su ensayo sobre Guillén".[44] La razón de este desasosiego popular era debida al rumor de que el arquitrabe, es decir, la dictadura de Franco, estaba "en peligro grave" (v. 6); al parecer se trata de una predicción poco fundada, pero es una idea que flotaba en el ambiente desde hacía veinte años, precisamente desde el final de la Guerra Civil Española, y de la victoria del Frente Nacional, en 1939: "la necesidad de cambio político tan perentoria para los vencidos fomentaba, sin duda, su esperanza, a la vez que llamaba a aumentar la vigilancia de los vencedores contra los 'enanos infiltrados'".[45] En la tercera estrofa, estas gentes pomposas también aluden a un enemigo intangible del arquitrabe-dictadura: algo que se encuentra en todas partes "igual que el polvo en las habitaciones" (v. 12), que no se ve, pero que se intuye, y que en la primera versión del poema, en *Compañeros de viaje* (1959), aparecía en cursiva,[46] haciendo patente la ironía de la expresión (quizá porque no había ningún adversario auténtico y capaz, o porque así era calificada cualquier persona de bien que no estuviera de acuerdo con la dictadura). Sin duda alguna, Gil de Biedma hace referencia a la esperanza que existía entre los jóvenes y aquellas gentes no afectas al régimen de que hubiera una venganza, y una restitución del gobierno republicano: "el mito de la segunda vuelta. La idea de que un día los derrotados intentarían, por la fuerza política o por la fuerza de las armas, volver del revés el desenlace de la Guerra Civil".[47] Esta idea expuesta por el poeta de la generación de los cincuenta en la "Carta de España o todo era nochevieja en nuestra literatura al comenzar 1965" (1965), ya había tenido años atrás una formulación poética en un poema del libro *Moralidades* (1966), "Noche triste de octubre, 1959", donde se presentaba la situación de España como si se tratara de una lectura por encima del periódico, ligando los desastres meteorológicos al negro futuro del país, y atri-

[44] Carme Riera, *La escuela de Barcelona. Barral, Gil de Biedma y Goytisolo: el núcleo poético de la generación de los 50*, Barcelona, Anagrama, 1988, p. 331.

[45] *Idem.*

[46] Jaime Gil de Biedma, "El arquitrabe", en *Compañeros de viaje*, Barcelona, Joaquín Horta Editor, 1959, p. 45.

[47] *Ibid.*, "Carta de España o todo era nochevieja en nuestra literatura al comenzar 1965" (1965), en *El pie de la letra*, p. 183.

buyéndolo todo a una "sequía pertinaz" —que durante aquellos años se convirtió en la culpable oficial del régimen.

> Definitivamente
> parece confirmarse que este invierno
> que viene, será duro.
>
> Adelantaron
> las lluvias, y el Gobierno,
> reunido en consejo de ministros,
> no se sabe si estudia a estas horas
> el subsidio de paro
> o el derecho al despido,
> o si sencillamente, aislado en un océano,
> se limita a esperar que la tormenta pase
> y llegue el día, el día en que, por fin,
> las cosas dejen de venir mal dadas.[48]

La cuarta estrofa de "El arquitrabe" sigue haciendo referencia a aquellas gentes pomposas que ya no se deciden solamente a hablar de los problemas, a plantearse soluciones o a temer a un enemigo oculto del gobierno, sino a quienes intentan actuar y así salvaguardar el gobierno, es decir toda la superestructura del país que se apoya encima de la dictadura y de la figura del general Franco. Según ha señalado Javier Letrán, el estilo poético también se contagia irónicamente de esta pomposidad y de esta indeterminación de lo que se intenta ridiculizar, de modo que "esta falta de precisión, esta vulgarización descriptiva de la estructura ideológica del régimen franquista se expresa perfectamente a través de la utilización de fórmulas lingüísticas impersonales", incluso llegando a extremos de ridiculización "en la triplicación de la rima consonante en *-abe* en los versos 5-6: 'Pues bien, parece ser que el arquitr*abe* / está en peligro gr*ave*. Nadie s*abe*'."[49]

Hay "gente atenta" (que en la primera versión del poema era ca-

[48] Jaime Gil de Biedma, "Noche triste de octubre, 1959", en *Las personas del verbo*, p. 84, vv. 1-13.

[49] Javier Letrán, "*Aquellos maravillosos años*: imágenes de la guerra y la posguerra en la poesía de Jaime Gil de Biedma", en Trevor J. Dadson y Derek W. Flitter (eds.), *Voces subversivas: Poesía bajo el régimen (1939-1975)*, Birmingham, University of Birmingham, 2000, pp. 41-42.

lificada de "seria", aburrida o poco dada a la diversión),[50] pues, que "levanta andamios / para que no se caiga" (vv. 13-14) el arquitrabe, pero estas estructuras adicionales son completamente morales e ideológicas, como nos indica el epígrafe inicial del poema, son "*Andamios para las ideas*", donde se hace referencia "al título de un libro de Adolfo Muñoz Grandes, entonces muy divulgado y recomendado desde los 'sectores oficiales', 'en el que se pretendía la defensa de los principios ideológicos inspiradores de las instituciones dominantes en España', en palabras de Shirley Mangini".[51] La descripción de las gentes pomposas que reflexionan o intentan perpetuar el arquitrabe termina en este verso catorce, pero la enumeración concluye en esta cuarta estrofa con un paréntesis de un par de versos donde podríamos situar el núcleo inicial del poema: bajo una aparente ingenuidad, el yo poético recuerda la curiosa polisemia del término inglés *scaffold*, ya que significa "a la vez andamio y cadalso" (v. 16). Si he apuntado que esta alusión irónica es el germen desde el cual se desarrolló la imaginación de Jaime Gil para escribir el poema es partiendo de la base de que no hay ninguna ventaja en escoger como término irreal el arquitrabe para aludir a la dictadura o al gobierno, a menos que un elemento de su mismo campo semántico —con el que sea fácil relacionarlo— contenga una significación suplementaria que se le pueda asociar, como sucede con *scaffold* en inglés.

La última estrofa del poema es un intento de ejemplificar cómo estos andamios se convierten en cadalsos, y que, en forma de excusa para salvaguardar el espíritu nacional y de perpetuar la pureza de la nación, se prohíbe uno de los principales principios morales de las personas: la posibilidad de ser feliz. El yo poético del poema deja patente la imposibilidad por hacer aquellas cosas que deberían ser más normales y agradables: "besar a una muchacha" o elegir el libro que se va a comprar —en un país donde no se podía publicar o leer todo lo que se deseaba debido a la censura. Las restricciones morales son máximas y quedan pocos resquicios para la libertad personal, puesto que el sujeto que "sale a la calle" (v. 17), puede verse vituperado o denunciado por no mantener una conducta digna. Siempre se va a encontrar con una de esas "gentes pomposas" que va a condenar su conducta en voz alta, en forma de pregunta retórica que encierra

[50] Jaime Gil de Biedma, *Compañeros de viaje*, p. 45.
[51] Javier Letrán, *op. cit.*, p. 41.

una prohibición: "*Pero ¿cómo se atreve?*" (v. 20). Ha topado con el arquitrabe, como indica el segundo hemistiquio cortado del último verso, evitando comentar nada de la situación acaecida, y utilizando los puntos suspensivos para mostrar sus reticencias al respecto, pero sin acabarlas de enunciar explícitamente: para esquivar la censura literaria y para evitar reiterar su posición al respecto, que ha podido exponer perfectamente a lo largo del poema. La utilización de la reticencia y de estos signos de admiración, juntamente con la adición de un epígrafe real, que sirve de cita y glosa disparatada —hasta cierto punto— del poema, son las estrategias de que se sirve este poeta español para indicar al lector que está haciendo uso de la ironía.

Jaime Gil de Biedma sabía que "el tono es la expresión directa de la actitud verbal", y que, por consiguiente, "gran parte del sentido de la poesía y una gran parte del sentido de la conversación dependen del tono"[52] —como hemos podido demostrar en el caso de "El arquitrabe"—, aunque las marcas siempre van a resultar difusas en el discurso escrito como recordó su amigo, y también poeta, Gabriel Ferrater en una entrevista concedida a principios de los años setenta.

> La palabra hablada va siempre acompañada de gesticulaciones, de inflexiones de voz que la palabra escrita no puede tener. Por ejemplo, para decir una cosa en broma, los tipógrafos tendrían que tener un signo de ironía al lado de los de interrogación y admiración. Pero resulta que en la palabra hablada el signo de ironía ya existe, en el tono, en el dominio de la voz, en la elección de un término que por escrito no funcionaría. A veces podemos equivocarnos, pero casi siempre ponemos el signo de ironía. Entonces resulta que en una lengua [...] existen elementos significativos más abstractos, como el orden de las palabras. Bien, pues resulta que la palabra escrita tiene que cargar más las funciones, tiene que pasar algo del valor de esos elementos más abstractos, como el orden, la entonación, a los elementos más léxicos, como son las palabras. Y esto no lo necesita la palabra hablada; y el signo de ironía, ya que no lo tienen los tipógrafos, tendrá que consistir en alguna palabra irónica si se va a escribir, una palabra que el escritor debe intercalar en la frase, si realmente se insiste en que no debe haber equívocos. Naturalmente, el escritor auténtico ya sabe dar un tono de ironía. La palabra escrita

[52] Jaime Gil de Biedma, "*Con Jaime Gil de Biedma: el lenguaje de la poesía y de la conversación*, por E. Sylvester" (1979), en *Conversaciones* (ed. J. Pérez Escohotado), Barcelona, El Aleph Editores, 2002, p. 114.

no se puede ir modificando. [...] Una vez entregada al tipógrafo, ya no hay reajuste posible. Lo que un escritor debería procurar es no perder de vista la palabra hablada y ajustarla en lo posible a la escrita.[53]

Juntamente con este modo ejemplificado con un poema de Jaime Gil de Biedma, el poeta del siglo XX puede recurrir a un tono meditativo. Una vez más, no se trata de describir la realidad, sino de exponer las impresiones, sentimientos o conductas del yo poético afectado por la realidad. La realidad desaparece y sólo se puede acceder a ella mediante la subjetividad, la introspección de uno mismo que nos presenta el yo poético. Por así decir, este modo tonal tiene mucho que ver con el "monólogo interior" narrativo, donde se presenta el objeto a través del sujeto, gracias a la meditación. Para mostrar cómo se concreta este modo literario en un poema concreto, quisiera echar mano de una pieza de Gabriel Ferrater compuesta en *decasíl·labs* blancos, titulada "El secret", y que incluyó en su primer libro de poesía, *Da nuces pueris* (1960):

EL SECRET

Vindrà el dia més llarg d'algun llarguíssim
estiu. De bon matí, ans que el telèfon
cridi a platja o bosc, ens n'anirem.
Entre el baf dels carrers regats de fresc
travessarem la ciutat, fins a prendre
el tren més lent que surti. Baixarem
a la tercera estació, en un poble
de terra sense verds. El disc vermell
d'una taverna ens donarà el senyal.
Creurem. Ens asseurem, i tot el dia,
sense mirar mentre ens miren, beurem
la tèbia cervesa del silenci.
Tornarem ben segurs que cap record
no ha entrat en nosaltres. Quan trobem
el primer amic, i dins un bar encès
de veus i mans, comprenguem que aquell dia

[53] Gabriel Ferrater, "*Gabriel Ferrater o las mujeres*, por Federico Campbell" (1971), en *Papers, cartes, paraules*, p. 519.

ha estat el del prodigi, que s'han dit
el mot simple dels justos, i que els uns
han sabut creure els altres quan negaven
les hores de tants anys, i tothom riu,
riurem també, i guardarem el secret.
I més que mai, quan vindrà que els turmenti
l'esquinç del vespre pur (quan trepitjaven
caretes, i la pell al descobert
els deia tot el fàstic de com eren
abans: tal com hauran tornat a ser)
i s'agermanin tots dins l'odi mutu,
callarem. Que no sàpiga ningú
que no vam dir ni sentir res. Que puguin
odiar-nos també, fraternalment.

[EL SECRETO

Llegará el día más largo de algún larguísimo
verano. Muy de mañana, antes que el teléfono
llame a la playa o al bosque, nos iremos.
Entre el vaho de las calles recién regadas
atravesaremos la ciudad, hasta tomar
el tren más lento que salga. Bajaremos
en la tercera estación, en un pueblo
de tierra sin verdes. El disco rojo
de una taberna nos dará la señal.
Creeremos. Nos sentaremos, y todo el día,
sin mirar mientras nos miran, beberemos
la tibia cerveza del silencio.
Volveremos bien seguros de que ningún recuerdo
ha entrado en nosotros. Cuando encontremos
al primer amigo y, dentro de un bar encendido
de voces y manos, comprendamos que ese día
ha sido el del prodigio, que se han dicho
la palabra sencilla de los justos, y que los unos
han sabido creer a los otros cuando negaban
las horas de tantos años, y todos ríen,
reiremos también, y guardaremos el secreto.
Y más que nunca, cuando les llegue el tormento
del desgarrón del puro anochecer (cuando pisaran

caretas, y la piel al descubierto
les dijera todo el asco de cómo eran
antes: tal como habrán vuelto a ser)
y se hermanen todos dentro del odio mutuo,
callaremos. Que no sepa nadie
que no dijimos ni sentimos nada. Que puedan
odiarnos también, fraternalmente.][54]

Una de las claras dificultades para comprender este poema es, precisamente, el referente del cual se está hablando, y que el mismo título tematiza: "El secreto". Así pues, en la medida en que el lector consiga intuir o descubrir cuál es ese aspecto de la realidad que no se quiere o no se puede decir, el poema tendrá una lectura u otra. De todas formas, aunque la interpretación se nos presente difícil, intentemos observar tres movimientos que producen los protagonistas del poema, que llegan a coincidir con tres momentos de un día de verano, y con las tres partes del poema. En la primera parte, el yo poético describirá el comportamiento colectivo que puede tener lugar en una jornada estival cualquiera, cuando las gentes no deciden escoger entre campo o playa y optan por dirigirse en tren de cercanías a un pueblecito de secano próximo a la ciudad, donde no existe ninguna atracción turística y es una "tierra sin verdes", y la única diversión puede encontrarse en la taberna del pueblo. El yo poético forma parte de esta gente que durante el verano escoge un destino aislado para pasar un día de vacaciones, y se pasa toda la jornada haraganeando, ante "la tibia cerveza del silencio" sin importarle las personas de su alrededor, que se muestran curiosas y recelosas ante su presencia. Al declinar el día vuelven después de haberlo malgastado, sin haber encontrado paisaje, persona o anécdota que almacenar, pero entonces descubren que algo ha sucedido mientras ellos se hallaban desconectados del mundo, en un pueblo donde recibían miradas de desconfianza: quizá por los acontecimientos acaecidos.

Será al atardecer, cuando vuelven a los bares donde los conocen, que algún amigo les informará de lo acaecido y se encuentren con un local "encendido | de voces y manos" (vv. 15-16): en medio de gran algarabía y algazara general, la gente grita de alegría y hace sonar palmas, y es entonces cuando el yo poético —y el resto de gentes que

[54] Gabriel Ferrater, "El secreto" (trad. José M. Valverde), en *Mujeres y días*, Barcelona, Seix Barral, 1970, pp. 66-67.

permanecían ignorantes de las novedades que el día había deparado— comprende "que ese día | ha sido el del prodigio" (vv. 16-17). De todas formas al lector no se le concretará en ningún momento cuál es el suceso que puede provocar tal conmoción social, y es libre de poder rellenarlo con aquello que le parezca más verosímil, aunque yo quisiera conectar este poema con "El arquitrabe" de Jaime Gil de Biedma, puesto que no creo que se encuentren tan desligados el uno del otro. A propósito del comentario del poema anterior, hemos tenido la oportunidad de leer un fragmento de una carta literaria de Jaime Gil de Biedma, donde informaba de los sueños de los españoles hacia 1965; en aquel mismo ensayo del poeta barcelonés podemos descubrir cuál era una de las ideas más comunes entre los jóvenes de finales de los años cincuenta: "allá por los años de 1956 a 1959, cuando el régimen parecía haber entrado en una fase de disolución final, los más avisados entre los jóvenes escritores solíamos decir medio en broma que el día en que Franco desapareciese se nos plantearía un grave problema".[55]

A pesar de las dificultades imaginativas que, para alguien que había crecido con la dictadura, representaba la desaparición de Franco (y, por lo tanto, la destrucción de un mundo que, aunque malo, había sido el suyo durante muchos años), sí que Jaime Gil de Biedma intentó imaginar cómo sería el día en que Franco muriera, y por eso compuso el poema "Canción para ese día" —significativamente la pieza que cierra el libro *Compañeros de viaje* (1959).

CANCIÓN PARA ESE DÍA

He aquí que viene el tiempo de soltar palomas
en mitad de las plazas con estatua.
Van a dar nuestra hora. De un momento
a otro, sonarán campanas.

Mirad los tiernos nudos de los árboles
exhalarse visibles en la luz
recién inaugurada. Cintas leves
de nube en nube cuelgan. Y guirnaldas

[55] Jaime Gil de Biedma, "Carta de España o todo era nochevieja en nuestra literatura al comenzar 1965" (1965), en *El pie de la letra*, p. 185.

sobre el pecho del cielo, palpitando,
son como el aire de la voz. Palabras
van a decirse ya. Oíd. Se escucha
rumor de pasos y batir de alas.[56]

El día de la muerte del dictador, o cuando se llegue a concretar ese mito de la segunda vuelta de los derrotados de la guerra civil, va a llegar el momento de celebrar la libertad y "de soltar palomas | en mitad de las plazas con estatua" (vv. 1-2), de dictadores o de soldados ecuestres. En ese momento llegará la hora para quienes han sufrido el peso del arquitrabe, y han sido condenados desde andamios para las ideas, e incluso la naturaleza volverá a aparecer con nueva savia, y se va a adornar el cielo con nubes y guirnaldas. Es el momento de dejar el silencio y de hablar para poder reivindicar la felicidad.

No cuesta demasiado leer "El secret" como una respuesta a "Canción para ese día", sobre todo teniendo en cuenta que ambos poetas fueros amigos, y declararon que habían tenido mucha suerte de escribir en lenguas diferentes, porque si no correrían el riesgo de escribir los mismos poemas; de hecho, tal y como indica Enric Bou, "ambos escritores se vanagloriaban de haber participado en un 'complot' o 'confabulación', como ellos mismos decían".[57] A la luz de lo que hemos tenido oportunidad de leer, el prodigio de que habla el yo poético ferrateriano es que ha habido una aproximación entre los dos bandos, vencedores y vencidos, franquistas y rojos, porque "se han dicho | la palabra sencilla de los justos" (vv. 17-18): en aquel momento los vencedores han sabido creer lo mal que lo han pasado aquellos que perdieron una guerra. Es el momento del reencuentro, sin ira, en que "todos ríen", incluso el yo poético, pero anuncia que juntamente con unos pocos guardará el secreto. Si hasta esta segunda parte del poema la gran dificultad consistía en encontrar un marco de referencia real a la experiencia expuesta en los versos del poema, a partir de ahora el lector va a encontrarse con la necesidad de delimitar perfectamente en qué consiste el secreto, y por qué debe permanecer secreto.

[56] Jaime Gil de Biedma, "Canción para ese día", en *Las personas del verbo*, p. 73.

[57] Enric Bou (2001), "Els termes d'una confabulació: Gil de Biedma i Ferrater", en Dolors Oller y Jaume Subirana, *Gabriel Ferrater, "in memoriam"*, Barcelona, Proa, 2001, p. 174.

Desde el verso 22 hasta el final el poema describe la actitud que van a adoptar a partir de ahora aquellos que pretenden guardar un secreto —entre los cuales cabe contar al yo poético. Aquellos que reían y se mantenían en silencio, para no aguar la fiesta y hablar más de la cuenta, se van a proponer callar, incluso en el momento en que haya pasado aquel instante de euforia y comunión entre todos y llegue "el tormento | del desgarrón del puro anochecer" (vv. 22-23): cuando, hermanados ya, descubran cómo fueron durante todos aquellos años que odiaron visceralmente al enemigo, y les dé asco reconocerse en las actitudes del pasado, que no dejarán de ser las mismas del presente —por mucha buena voluntad que muestren. Aunque unidos, el yo poético predice que van a compartir un odio mutuo, como sucedió en la Alemania posterior a la segunda guerra mundial. La principal razón para callar consiste en no desvelar el engaño del falso hermanamiento, del perdón general, puesto que la presencia del odio común va a hacer que no se olvide el pasado: quiénes fueron, lo que hicieron o qué les hicieron. Pero otra razón para callar es evidenciar que no compartieron aquella alegría general "ni sentimos nada" (v. 29), porque no desean compartir los miedos y los odios de la generación de aquellos que participaron en la guerra. Si el odio los ha unido, que sea el mismo que revierta sobre aquellos que no se han exaltado ante la reconciliación general —porque sería tanto como admitir el orgullo del vencedor y el rencor del vencido—; por ello desea en un verso final "que puedan | odiarnos, también, fraternalmente".

En este poema de Ferrater no ha habido lugar para la ironía o la burla —como sucedía en "El arquitrabe"—, sino que se produce un análisis introspectivo de un comportamiento social, marcado por la situación real de la España de la dictadura. La estrategia que se ha adoptado ha sido el silencio, es decir, aquellos que callaban para no desvelar el secreto eran aquellos que se han mantenido en silencio a la hora de presentar la anécdota histórica que provocaba un cambio de usos o actitud en la sociedad. En este poema vemos un intento por presentar una historia íntima, sin ideología ni grandes palabras, en un tono menor, que creo que puede ser perfectamente delimitada por unas palabras de Jaime Gil de Biedma al hablar de su poesía: "mis versos no aspiran a ser una expresión incondicionada de una subjetividad, sino a expresar la relación en que ésta se encuentra con respecto al mundo de la experiencia común. Es la interacción entre estos dos factores —experiencia común y subjetividad— lo que poéticamente me interesa: ambos deben quedar expresos en una relación particular que constituye el tema del poema."[58]

Finalmente, después de haber visto un uso irónico y otro meditativo, sin aludir directamente a la realidad, podemos distinguir un tercer tono descriptivo distanciado en la poesía contemporánea. Ese modo tonal permite presentar minuciosamente la realidad, detallada y objetivamente, pero por medio de la selección de los elementos, de su particular conjunción, o del cuestionamiento de la realidad (quizá mediante preguntas retóricas) o de la cita de otros personajes o mensajes emocionalmente comprometidos, logrando determinar, así, el punto de vista del autor en relación con la situación de que se ocupa. Posiblemente es el que más cerca está del "correlato objetivo" eliotiano, y es el que más problemas conlleva, puesto que aparentemente se presentan los sentimientos conjugados con la presentación del objeto. Es la mirada de la cámara cinematográfica que, aunque lo parezca, nunca es inocente. Y para lograr presentar de una forma efectiva este tercer tono contemporáneo "La vaga" ("La huelga") de Pere Rovira, incluido en *La vida en plural* (1996), me parece un poema inmejorable.

LA VAGA

No cal res més: un gran carrer
ple de gent que somriu al migdia,
diu qui té la raó.
No els trobes mai
quan surts a airejar el vici de dormir malament
i el sol dels jubilats és com una aspirina.
Avui està apagada la llum d'asma
dels tallers i les fàbriques;
l'agulla de les hores no cus a l'inrevés
el temps d'aquesta noia de la brusa vermella,
el d'aquell home gran que se la mira
amb la tendra sorpresa de recordar el desig:
la brusa passa onejant pels seus ulls
com les banderes roges del matí
pels vidres esquirols d'una botiga.

[58] Jaime Gil de Biedma, "Poética", en Leopoldo de Luis, *Poesía social española contemporánea. Antología (1939-1968)*, Madrid, Ediciones Júcar, 1982 (1965), pp. 331-332.

"Que el límit de l'esquerra només el marqui el cor",
s'ha escrit. ¿El cor de qui?, respons:
¿El cor armat, el cor blindat dels bancs,
el pàl·lid cor polític que els serveix,
o els cors que avui defensen l'alegria?

De nit, en els balcons, brillen les brases
d'homes que odien el matí. La vaga
s'ha acabat, però ells l'allarguen
amb el fum de l'insomni. Fa calor,
i demà en farà més vora les màquines,
que tornaran a ser sagrades,
com la llei dels diners,
com l'esfera del temps i de l'amor.
Ja no és vespre de res aquesta hora llagada,
ja ve l'alè de l'alba, fort, espès
com una bafarada d'hospital,
i torna, biliosa, a les finestres
la llum d'un altre dia de treball.

[LA HUELGA

No hace falta otra cosa: una avenida
de gente que sonríe al mediodía
nos habla de quién tiene la razón.
    No los encuentras nunca cuando sales
a ventilar el vicio de dormir siempre mal,
y el sol del jubilado es como una aspirina.
Hoy estará apagada la luz de asma
de talleres y fábricas; la aguja
de las horas no coserá al revés
el tiempo de esa chica de la blusa colorada,
el de aquel hombre viejo que la mira
con la tierna sorpresa de volver al deseo:
la blusa pasa ondeando por sus ojos
igual que las banderas rojas de la mañana
por el escaparate esquirol de una tienda.

"Que marque la frontera de la izquierda
tan sólo el corazón", ha escrito alguien.

¿El corazón de quién? ¿El corazón armado,
el corazón blindado de los bancos,
el corazón anémico del político a sueldo,
o esos corazones
que defienden ahora la alegría?

De noche, en los balcones, brillan los cigarrillos
de los hombres que odian la mañana.
La huelga terminó, pero ellos la prolongan
con el humo del insomnio. Hace calor,
y mañana hará más junto a las máquinas,
sagradas otra vez, como la ley
que ha dictado el dinero, como el ámbito
del tiempo y del amor.
No es víspera de nada esta hora ofendida,
llega el soplo del alba, fuerte, espeso,
como una vaharada de hospital,
y vuelve, biliosa, a las ventanas
la luz de un nuevo día de trabajo.][59]

Por el hecho de tratar una huelga poéticamente, esta pieza lírica reclama ilustres precedentes poéticos de la tradición contemporánea, que no solamente se limitan a la pieza de Manuel Machado. Entre ellos cabe destacar el poema "La huelga" que Pablo Neruda incluyó en su *Canto general*, en el cual se nos describe el silencio y la soledad de una fábrica abandonada un día de huelga, para hacer evidente la presencia del obrero que dota de vida aquel magma informe de acero. El poema concluye con una magnífica figuración metafórica que contrasta con el comprometido realismo de la primera parte: la fábrica se convierte en un cetáceo muerto, flotando por fondos abisales "bajo la soledad de los planetas".[60] De todas formas la constante modulación del tono del poema de Pere Rovira contrasta con la pieza del autor chileno.

Así pues, de la alusión metafórica e irónica de Gil de Biedma, pasando por la elipsis ferrateriana, hemos llegado a la referencia

[59] Pere Rovira, *Para qué sirve la sed*, Lucena, Ayuntamiento de Lucena, 2001, pp. 52-57.

[60] Pablo Neruda, "La huelga", en *Antología poética* (ed. H. Loyola), Madrid, Alianza Editorial, 1981, vol. 1, p. 241, v. 28.

directa a la realidad de Pere Rovira, en un poema titulado "La huelga". Y si en los dos poemas anteriores el yo poético intentaba evitar cualquier pronunciamiento a propósito de juicios de valores, los tres primeros versos de este poema nos proporcionan la exacta actitud de la voz poética: quien "tiene la razón" es la gente que ha decidido hacer huelga y al mediodía reír, y no mostrarse fatigada, como de costumbre. Claro está que quien dice quién tiene o no la razón no es el yo poético, sino "una avenida | de gente", con lo cual se evita tener que exponer unas ideas de forma directa. Como si se tratara de un dandy *flâneur* baudelaireano, el yo poético del poema observa esta especial realidad cotidiana un día de huelga, y registra los notables cambios que se producen respecto a los demás días cotidianos, cuando la calle no está tan poblada y luce "la luz de asma | de talleres y fábricas" (vv. 7-8) y "el sol del jubilado es como una aspirina" (v. 6). Hoy brilla el sol y las bombillas eléctricas de los lugares de trabajo se han apagado, y el tiempo corre a favor de las gentes que no pierden su vida encerrados en talleres y oficinas; incluso los viejos no tienen que conformarse con el sol que los caliente, puesto que las chicas de blusas coloradas les alegran la mirada, y pasan por sus ojos "igual que las banderas rojas de la mañana | por el escaparate esquirol de una tienda" (vv. 14-15). Con la huelga la calle se llena de luz, de vida y de color: de fiesta.

La segunda estrofa del poema vuelve a empezar exponiendo una idea política, pero ahora no es la calle quien nos dice quién tiene la razón, sino que es una inscripción sobre uno de los muros que ha anotado uno de los manifestantes, y que reza que "la frontera de la izquierda | tan sólo el corazón" debe marcarla (vv. 16-17). En estos versos Rovira utiliza la técnica de la cita de un personaje tal y como hemos visto que la usaba Manuel Machado en su "Huelga", pero ahora las palabras no son dichas en voz alta, sino expuestas en las paredes —a modo de epigrama— y leídas por el yo poético. El resto de la segunda estrofa será una reflexión a propósito de esta máxima social, donde el yo poético expone indirectamente, a lo largo de sucesivas preguntas retóricas irónicas, quién marca efectivamente el límite de la izquierda en el mundo moderno, que son todos los poderes liberales: el ejército, los bancos, la política a sueldo. A todas estas realidades desesperanzadoras opone los "corazones | que defienden ahora la alegría" (vv. 21-22), a quienes competería marcar el límite de la izquierda: apostando claramente por la felicidad, pero sin enunciarlo explícitamente, sino mediante la técnica de la interrogación retórica.

En la tercera estrofa, la noche se ha cernido sobre el día de huelga, y el insomne yo poético paseante, que posee "el vicio de dormir siempre mal" (v. 5), observa cómo el calor del día ha hecho salir a los balcones a los hombres a fumar, y a intentar conciliar el sueño —repitiendo una imagen que la contemporaneidad poética ha hecho tópica. Como si quisieran prolongar su protesta, o su huelga, no duermen, y meditan igual que el yo poético sobre la incapacidad de cambiar el orden social, puesto que mañana volverán a sufrir "junto a las máquinas, | sagradas otra vez como la ley | que ha dictado el dinero" (vv. 27-29). La noche ya ha llegado y se acerca el alba con un aliento espeso y desagradable al anunciar una nueva jornada de normalidad, que es como una enfermedad para las personas, porque "la luz de un nuevo día de trabajo" (v. 35) es presentada como una claridad biliosa, que hiede a "vaharada de hospital", la misma luz que era "una aspirina" para los jubilados, aquellos que aún viven, después de una larga vida de trabajo.

A lo largo de estas últimas páginas hemos tenido la oportunidad de exponer diferentes tonos que el poeta de la segunda mitad del siglo XX ha adoptado para no tomar tan de frente los hechos de la realidad, para no sonar falso, no parecer exaltado o superfluo, o bien para esquivar las prohibiciones políticas, en forma de censura, y quisiera haber podido destacar la importancia de "un valor a menudo desatendido en la interpretación y evaluación de la poesía [semejante al] de la justeza en el tono propio de cada poema individual"[61] —como reivindicara Juan Ferraté al inicio de su artículo "Dos poetas en su mundo" (1960). De todas formas, mi interés no era tanto repasar la importancia que para la poesía y para la crítica literaria contemporánea ha tenido la elección del tono adecuado para cada situación que presenta cada poema, sino intentar mostrar los diferentes modos que ha utilizado la poesía para abordar líricamente cuestiones tan delicadas como la actitud ideológica o moral del sujeto poético frente a la realidad que lo circunda. Decía Juan Ferraté en este capítulo de *Dinámica de la poesía* que "el tono justo es el tono que corresponde exactamente a lo que pretende expresar el poeta",[62] así pues, todavía lo más importante para la crítica de nuestros días será determinar si un autor determinado ha conseguido acercar el tono que una situación concreta exige a su tono personal de voz. Como

[61] Juan Ferraté, "Dos poetas en su mundo" (1960), *op. cit.*, p. 359.
[62] *Idem.*

indicó Hugo von Hofmannsthal en una conferencia titulada "Poesía y vida", en 1896, debe valorarse en los poetas la creación de un tono propio, pero también el esfuerzo de apropiarse de otros tonos, que en principio no les eran afectos:

> el tono personal lo es todo. Quien no se atiene a él, renuncia a su libertad interior, que es la única que puede hacer posible la obra. El más valeroso y el más fuerte es aquel que con mayor libertad es capaz de poner sus palabras, pues nada es tan difícil como arrancarlas de sus falsas y sólidas conexiones. Una relación nueva y osada de palabras es el más valioso obsequio para el espíritu, en nada inferior a una estatua del efebo Antinoo o a la poderosa bóveda de un portal.[63]

Casi un siglo después, otro poeta, Luis García Montero, indicaría que uno de los problemas de la escritura no está tanto en la elección del tema, o en la dificultad para excitar a la imaginación, ni en la técnica a utilizar, sino en llegar a convencerse de que no hay trampa alguna en lo que él mismo deja escrito sobre la página. Para utilizar una comparación muy fructífera, el autor se convierte en un vendedor que se debe convencer de los beneficios del producto que tiene que vender, conociendo todos los trucos retóricos de antemano, y todos los defectos de la oferta. Por esa razón "el poeta, primer lector de sus versos, y lector que verdaderamente se las sabe todas, se encuentra con este problema. Está a los dos lados de la operación. Depende de una venta muy difícil. La poesía es para mí algo parecido a esas palabras que yo me digo cuando abro la puerta y me encuentro delante de mí mismo y quiero convencerme de que debo dejarme pasar hasta el comedor, oír atentamente mis propias explicaciones, seducirme, ilusionarme con el producto, firmar las letras y acompañarme educadamente hasta la puerta, agradecido conmigo mismo, porque en realidad era una cuestión de vida o muerte y qué casualidad que yo pasara por aquí y tocase el timbre cuando más lo estaba necesitando."[64]

Este poeta español apuesta por un ámbito de sinceridad moral, entendida como una técnica estilística que solamente le va a ser posible alcanzar si se apropia de todos aquellos tonos que le pro-

[63] Hugo von Hofmannsthal, "Poesía y vida" (1896), en *Instantes griegos y otros sueños*, Valladolid, Cuatro Ediciones, 1998, p. 31.

[64] Luis García Montero, "Trazado de fronteras", *op. cit.*, p. 10.

porciona la tradición ("todos los tonos pueden llegar a gustarme"),[65] pero asumiéndolos como propios de las circunstancias y de los individuos contemporáneos, sabiendo que el problema consiste en hacer verosímil el personaje detrás del cual se ha figurado la imaginación del poeta a través de estrategias estilísticas, lograr lo mismo que pretendía W.H. Auden: "lo que esa voz pide al lector es que, antes que nada, comulgue con ella, que —incondicionalmente mientras dure la lectura del poema— la tome por suya". Si "odiamos a una persona cuando equivoca el tono",[66] como apuntó en *El oficio de vivir* Cesare Pavese, también podemos acabar odiando un poema cuando notemos que pretende engañarnos, por ello es tan importante la justeza de tono en la poesía contemporánea, que —para repetir la definición que ofreciera Juan Ferraté— "consistirá en la adaptación de la voz del poeta a la realidad de su experiencia, en la realidad de su voz como voz efectiva en el mundo, como voz de la experiencia del mundo".[67]

[65] *Ibid.*, p. 11.
[66] Cesare Pavese, *op. cit.*, p. 260.
[67] Juan Ferraté, "Dos poetas en su mundo", *op. cit.*, p. 364.

6. POESÍA Y URBANISMO
(*Taller de arquitectura* de José Agustín Goytisolo)

En la ciudad futura alta y metalizada
se hallarán huellas de hoy y alguien estudiará
lo que fuimos mirando entre espirales
y rampas la pared de un edificio
como el que ahora tú habitas.

JOSÉ AGUSTÍN GOYTISOLO
Taller de arquitectura

Sin duda, la moderna concepción de la poesía proviene de las experiencias de los individuos inmersos en una gran ciudad. Desde que Charles Baudelaire reivindicara un creador *flâneur*, sin aura alguna, que se deleitaba paseando por los bulevares en medio de una multitud, el concepto lírico del sujeto se ha visto vinculado a la vida en sociedad y a su medio: de manera que uno de los aspectos más destacados del urbanismo es la arquitectura. Precisamente los escritores de la generación de los cincuenta (denominada escuela o grupo de Barcelona) fueron calificados, por parte de José Hierro, en 1956, como poetas industriales,[1] al parecer porque manifiestamente practicaban —como dijo Ángel González— una "poesía a partir de la experiencia de lo cotidiano, [...] configurada por la vida de la gran ciudad".[2] José Agustín Goytisolo participó de estas mismas concepciones estéticas, y clara muestra de ello es que en 1977 se decidió a publicar un volumen que agrupaba aquellos poemas propios que se referían "de un modo más o menos directo, a temas relacionados con la arquitectura y el urbanismo".[3] Así pues, *Taller de arquitectura* se convierte en "un libro de recopilación de materiales anteriores a los que se aúna una pequeña aportación inédita"[4] —concretamente ocho de las cuarenta y cinco

[1] Pere Pena, "La poesía, el poeta y la ciudad", en José Agustín Goytisolo, *Poeta en Barcelona* (ed. P. Pena), Editorial Lumen, 1997, p. 13.

[2] Ángel González, *Poemas*, Madrid, Cátedra, 1982, p. 21.

[3] José Agustín Goytisolo, "El porqué", en *Taller de arquitectura*, Barcelona, Lumen, p. 5.

[4] Carme Riera, *Hay veneno y jazmín en tu tinta. Aproximación a la poesía de J.A. Goytisolo*, Barcelona, Editorial Anthropos, 1991, p. 240.

piezas líricas que comprende—, claro ejemplo de la influencia de la gran ciudad en el imaginario de Goytisolo y que se vino manifestando a lo largo de sus libros anteriores.

Diferentes han sido los estudiosos de la obra del poeta barcelonés que han abordado la presencia de la experiencia urbana y de la arquitectura en su poesía (entre los cuales cabe destacar a Pere Pena, Carme Riera y Jordi Virallonga), con lo cual, para no intentar repetir aportaciones ya realizadas al respecto, el interés de este capítulo se va a centrar en el análisis de los seis poemas que componen la segunda sección del libro, titulada "Sobre algunos proyectos". Aunque ya se han ofrecido algunas interpretaciones de estas piezas, creo interesante pasar a estudiarlas desde la perspectiva de la Literatura Comparada, poniendo en relación cada poema con el edificio o proyecto real al que se hace referencia, llevado a cabo por el Taller de Arquitectura de Ricardo Bofill —al cual perteneció el poeta. Espero que gracias a este diálogo interdisciplinario surjan nuevas lecturas o sugestiones de los poemas, y ellas redunden en descubrir la riqueza intelectual y de percepción de los versos de José Agustín Goytisolo.

Aunque en algunos poemas del libro (como "Canción de un escriba egipcio de la VI dinastía" o "Dos hombres tumbados en el césped") el poeta español sugiere que a lo largo de los últimos años de relación surgieron algunas fricciones o desavenencias entre él y Ricardo Bofill, en el prólogo del libro, que lleva el título de "El porqué", indica que le interesaron muchas de las cuestiones que, a principios de los años sesenta ocupaban al arquitecto catalán, y por esta razón pasó a formar parte de su Taller de Arquitectura (que significativamente da título al volumen). De los años de colaboración entre Goytisolo y Bofill en el Taller de Arquitectura datan los edificios o planificaciones a los cuales se hace referencia en los poemas insertos en la sección "Sobre algunos proyectos", dispuestos cronológicamente: el más antiguo es el Edificio de la Plaza San Gregorio (correspondiente con el primer poema) y el más reciente es la planificación del barrio de Les Halles, que da nombre a la última pieza de la segunda parte. De suerte que los poemas de la sección presentan una evolución de la obra arquitectónica de Bofill —en la que participó Goytisolo—, pero también una toma de conciencia respecto a temas que serán desarrollados progresivamente por los diferentes poemas de este apartado, y a los cuales también se hará referencia a lo largo de todo el libro, como por ejemplo: 1] el arquitecto como artista soñador, tildado de loco por los grises burócratas que pretenden imponer una idea de fea sociedad industrial moderna; 2] el carácter artístico y monumental de la arquitectura, sin olvidar una clara faceta sagrada y mágica de los nuevos edificios; 3] la concepción de las transformaciones urbanas como cambios efectivos hacia una más alta calidad de vida, y una sociedad mejor, basada en la libertad —idea que se repetirá constantemente; 4] la influencia entre habitáculo y forma de vida, propugnando una unión entre lo privado y lo público, entre las zonas verdes y urbanas, y quizá defendiendo una idea de la ciudad-jardín; 5] e incluso una idea de teatralidad, de espacio urbano como escenografía donde se intercambian los papeles de actor y espectador; 6] sin olvidar el poder evocador de recuerdos de la ciudad, para quien afirmó que "los mejores recuerdos de mi vida están asociados a buhardillas, a ciertas habitaciones de hotel, a las casas que habité o en las que entré como invitado o como francotirador".[5]

Partiendo de estas ideas generales sobre la arquitectura y la vida urbana y social que hallaremos en la obra de este autor, quisiera plantear una lectura atenta y progresiva de los diferentes poemas que componen esta segunda sección que entiendo como un todo, como un proceso de formación intelectual e ideológica, poniendo en relación el texto en prosa de los proyectos, los mismos edificios y la imaginativa formulación poética de Goytisolo. La situación que se plantea en el primer poema de esta segunda parte de *Taller de arquitectura*, "Ventana a la plaza de San Gregorio",[6] homenajea una de las más repetidas instantáneas de la poesía contemporánea como la visión de una persona asomándose a la ventana, no sólo de la poesía sino también de la narrativa: ejemplo de ello es, por ejemplo, —sin hacer referencia a "Los balcones" de Baudelaire— "Mañana en la ventana" de T.S. Eliot, o bien el inicio de *Adiós a Berlín* de Christopher Isherwood, sin olvidar el capítulo segundo de la novela de Robert Musil, *El hombre sin cualidades*, cuando se nos presenta al protagonista, por primera vez, mirando a la calle desde la ventana de su casa. No obstante, si bien en la lírica moderna esta escena sirve para que el observador formule su especial visión de la realidad, en el caso de los versos del autor español es la voz poética quien indica al tú poético, asomado a la ventana, todo lo que puede ver: la imagen de una ciudad despersonalizada y

[5] José Agustín Goytisolo, "El porqué", *op. cit.*, p. 5.

[6] *Ibid.*, "Ventana a la Plaza San Gregorio", pp. 41-42. (Desde este momento todos los poemas de José Agustín Goytisolo van a ser citados a partir de la primera edición de este libro.)

nada acogedora, hecha de "volúmenes informes | fachadas repetidas como gritos cayendo | sobre el gentío acorralado" (vv. 6-8) —con una figuración muy propia de la descarnada visión de la gran urbe de principios de siglo XX que ofreció la lírica expresionista alemana. Sin duda se trata de una "ciudad hostil" (v. 39), que animaliza a sus habitantes, encerrándolos en "nidos de pájaros enormes", convertidos en ariscos misántropos que se refugian en sus pisos que se convierten, a la vez, en una "celda" (v. 44). Aparte de hacer que el habitante en la ventana tome conciencia de su entorno y de su condición de preso en su propia vida (convidándole a que se encierre en su soledad y su locura), le anuncia el dictamen del futuro, cuando sus descendientes intenten reconstruir las ciudades de las ruinas a que se han visto reducidas por el devastador paso del tiempo y no consigan descifrar la razón que los llevó a vivir entre tantos muros: "dirán cómo vivimos no dirán el porqué" (v. 42).

Aunque el poema sirva como crítica a la vida de la sociedad industrial y consumista de la segunda mitad del siglo XX, hay una posible ambigüedad en el título que puede enriquecer la situación de comunicación del poema. Si bien hemos interpretado que quien se hallaba en la ventana de la Plaza San Gregorio era el tú poético, también podemos suponer que quien describe la conciencia y percepción del observador también se halla en otra ventana de esta plaza, y no sería muy descabellado imaginar que se encuentra en el único lugar crítico de este espacio urbano barcelonés. Imaginemos que el yo poético contempla un fragmento de ciudad, y a uno de sus habitantes, desde el edificio que construyó el Taller de Arquitectura de Ricardo Bofill en aquel lugar: el Edificio de viviendas de la Plaza San Gregorio Taumaturgo de Barcelona (1963-1965). Esta construcción de siete plantas de altura "se levanta en un barrio típicamente residencial",[7] pero contrasta con el resto de construcciones adyacentes porque rompe con la línea recta y se hace mimética a su entorno: "la curvatura de la fachada ayuda a definir la forma circular de la plaza". Rompiendo claramente con la típica construcción urbana moderna el edificio "continúa la tradición artesanal de Cataluña", y utiliza el ladrillo y las innovaciones del modernismo, que se concretan en la parte superior

[7] Warren A. James (ed.), "'Edificio de viviendas. Plaza de San Gregorio Taumaturgo. Barcelona (1963-1965)', por Taller de Arquitectura", en *Ricardo Bofill. Taller de Arquitectura. Edificios y proyectos 1960-1985*, Barcelona, Gustavo Gili, 1987, p. 23.

Ricardo Bofill, *Edificio de viviendas de la Plaza San Gregorio Taumaturgo Barcelona* (1963-1965), Taller de Arquitectura.

de la fachada, donde "se buscó crear unos balcones con chimeneas y barandillas que evocaran al insigne arquitecto catalán Antoni Gaudí. La escalera interior se construyó a base de bóvedas a la catalana."[8] Desde esta particular perspectiva cobra mucho más sentido la crítica que el yo poético hace al tedioso contemplador de la plaza que nunca ha conocido otra vida ni otra arquitectura diferente que la que constituye su imaginario urbano diario, y que contrasta con la riqueza de este nuevo edificio diseñado por Bofill, que combina las viviendas con jardines, balcones, terrazas, e incluso una piscina, integrando un "sistema bien estudiado que engendra un oasis privado y recogido, en medio de la ciudad",[9] y que permitiría explicar por qué sus habitantes han escogido esta forma de vida, a medio camino entre la funcionalidad urbana y el ocio.

[8] *Idem.*

[9] *Idem.*

El siguiente poema de esta sección, "Crónica de un asalto",[10] también tiene que ver con una de las construcciones diseñadas por el Taller de Arquitectura, y la plasmación del poema se halla absolutamente relacionada con este hecho, puesto que como refiere Carme Riera, "Goytisolo utiliza el punto de vista de los burócratas para referirse a la desobediencia del arquitecto catalán al crear el Barrio Gaudí de Reus, en el que la creatividad del arquitecto superó los límites permitidos en materia de urbanismo."[11] A la luz de lo que sugiere el título de esta pieza, Goytisolo da la palabra a algún técnico de urbanismo que tiene acceso al "expediente que motivó el escándalo" (v. 8), y que pretende buscar culpables asimismo como "pruebas de soborno [y] muestras positivas | de sus embustes y sus falsedades" (vv. 18-19). Adoptando un lenguaje próximo al informe administrativo propio de una investigación, el yo poético, que a la vez es juez y parte, ofrece una descripción en negativo del proyecto, construcción y resultado final del Barrio Gaudí de Reus (1964-1968). Los locos promotores del proyecto —que podemos identificar con los miembros del Taller de Arquitectura— son descritos con una estética moderna para los años sesenta: llevaban pantalones vaqueros, "raras camisas y su pelo" (v. 30), y provistos de "lápices y rollos de película" (v. 25) turbaron la paz de la ciudad tranquila, puesto que "medían y fotografiaban" (v. 28) y su conducta era más que sospechosa, quizá rayando la perversión ("daban caramelos a los niños bebieron y fumaban | extraños cigarrillos con filtros de colores", vv. 26-27). La construcción de este "conjunto de viviendas, dignas y económicas, situadas a las afueras de la ciudad industrial de Reus"[12] —como nos refiere el mismo poeta— duró largo tiempo, y al final las gentes se acostumbraron a la presencia de los arquitectos (representados como unos artistas modernos y un tanto extravagantes) "sin pensar que pudieran hacer cambiar de sitio tantas cosas" (v. 32). Si a lo largo de la primera parte del poema, hasta el verso 32, se relatan los inicios de este proyecto, a partir de la segunda parte se realiza una descripción del producto final, una "ciudad dentro de otra":[13]

[10] José Agustín Goytisolo, "Crónica de un asalto", *op. cit.*, pp. 43-45.

[11] Carme Riera, *op. cit.*, pp. 90-91.

[12] Warren A. James, "'Barrio Gaudí. Reus (1964-1968)', por José Agustín Goytisolo y Xavier Bagué", *op. cit.*, p. 28.

[13] *Ibid.*, p. 29.

Ricardo Bofill, *Barrio Gaudí de Reus* (1964-1968), Taller de Arquitectura.

Ahora es ya tarde para lamentarse y ahí quedan
escaleras absurdas parterres en los áticos pasillos increíbles
chimeneas pintadas de colores dios mío qué ventanas
dónde está el ascensor los niños y las viejas saltan por los terrados
(vv. 33-36).

En esta estrofa observamos una descripción impresionista y poética mezclada por interjecciones de conformismo, espanto o indignación, pero que en nada desvirtúa el proyecto de Bofill, que Goytisolo planteó en los siguientes términos:

se cuidó de trasladar a un contexto urbano moderno el grato ambiente de las calles y plazas de un pueblo antiguo mediante la creación de una red primaria compuesta por avenidas anchas que recorrían el perímetro del conjunto, reservadas a la circulación rápida de vehículos, otra secundaria destinada al tráfico lento, aparcamiento y paso peatonal, y una tercera exclusivamente peatonal, que desde la planta baja llevaba a todas las demás.

[...] La forma de los huecos exteriores se concibió con miras a que los dormitorios gozaran de la iluminación y ventilación suficientes, pero la luz solar directa se concedió a los balcones, terrazas de las salas de estar, a los espacios comunitarios, a las terrazas ajardinadas y a las plazas.

[…] Todas las viviendas fueron equipadas con los servicios de ascensor, agua caliente, calefacción eléctrica, antena colectiva de televisión, baño completo, etcétera, es decir, algunas de las ventajas que hasta entonces pocas viviendas ofrecían en España.[14]

De las palabras que sirven de descripción del proyecto, y que firma el poeta, se desprende que la arquitectura del Barrio Gaudí es completamente opuesta a la que hasta entonces ocupaba las calles del país: en primer lugar no sólo por el cromatismo de chimeneas pintadas, y por permitir que las "lagartijas pasen de una pared azul a un balcón violáceo" (v. 38) —constituyendo un claro homenaje al color y a los símbolos de "la obra residencial urbana de Gaudí"—,[15] sino también por el hecho novedoso de combinar zonas verdes y lugares habitables, ubicando "parterres en los áticos", y descubriendo que "un rododendro ocupa el sagrado lugar de las antenas" (v. 39). La presencia importante de la vegetación en la ciudad resulta crucial en la concepción artística de Ricardo Bofill, pensemos, por ejemplo, en los jardines emplazados en los áticos, y más concretamente en los cipreses plantados en la parte superior de los silos de La Fábrica de Cemento —juntamente con "la vegetación que proporcionaría el plinto verde al edificio cuando trepara por los muros y colgara de las cubiertas"—,[16] puestos para modificar el brutalismo de aquel edificio industrial.

Este planteamiento tan diferente, en cuestiones urbanísticas, que se oponía a las prácticas de *zonning* —tan habituales en la época—, y se proponía "acentuar la amalgama de locales comerciales, supermercados, bares, equipamientos recreativos y viviendas", permitía unos usos sociales completamente diferentes: se puede convertir en un ameno lugar propicio para el amor (para jugar con el título de uno de los poemas que Ángel González incluyó en *Tratado de urbanismo*), donde "los adúlteros —siempre desde el punto de vista del yo poético— contemplan el desorden y se besan", o en un espacio para subvertir el comportamiento de las gentes, donde gracias a las francas ventajas, en cuanto a las instalaciones y a los equipamientos, las gentes conciben este espacio como un lugar aislado donde pueden

[14] *Ibid.*, p. 28.

[15] *Ibid.*, p. 29.

[16] *Ibid.*, "'La Fábrica de Cemento. Sant Just Desvern (1973-1975)', por Ricardo Bofill", p. 56.

perder el tiempo, charlar, protestar o no pagar, es decir, no tomarse la vida tan en serio —y que el yo poético acaba evaluando como una desgracia. La estrofa final del poema representa una conclusión donde se registran los efectos dañinos de este asalto arquitectónico que desestabilizó la austeridad de la ciudad, por la cual la voz poética aboga; nada puede hacerse con lo que dejaron, el Barrio Gaudí, y considera que "otro asalto otra burla" como ésta sería "intolerable intolerable". Precisamente, estas últimas palabras se convierten en una expresión irónica del mismo autor, ya que el personaje ficticio no llegó a conocer algo que apuntaría Goytisolo años más tarde, concretamente que "el Ayuntamiento de Reus, advertida la demanda de este tipo de viviendas, consintió en realizar la segunda y tercera fase",[17] provocando, sin duda, el regocijo general de los asaltantes.

El título del siguiente poema de esta sección, "En el Xanadú",[18] encierra una clara ambigüedad intertextual: aunque claramente se haga referencia al país ideal que imaginó Kubla Khan en el poema de S.T. Coleridge (recordemos, además, que esta obra lleva como subtítulo "Una visión en un sueño"), el poema ofrece un dato absolutamente realista y topográfico, puesto que el yo poético se halla en una de las ventanas del Xanadú (1966-1968), edificio proyectado y construido por el Taller de Arquitectura en el complejo de La Manzanera, en la zona turística de Calpe, frente al Peñón de Ifach. Aunque el poema es completamente deudor de los planteamientos poéticos de los versos del poeta inglés, y juega conscientemente con esta referencia literaria, también se halla completamente ligado a las pretensiones que se plantearon el conjunto de arquitectos liderado por Ricardo Bofill.

> Nuestros planteamientos fueron, en pocas palabras, crear un jardín del Edén cerrado, en cierta manera paradisíaco, que concertara con una visión del mundo idílica, bucólica. Los factores determinantes en la transformación del magnífico paisaje natural en otro orientado específicamente al ocio y al esparcimiento se pueden concretar en las características singulares del ajardinamiento artificial en terrazas pétreas, en la configuración del anfiteatro natural y en la voluntad firmemente explicitada de una concepción formal.[19]

[17] *Ibid.*, "'Barrio Gaudí, Reus (1964-1968)', por José Agustín Goytisolo y Xavier Bagué", p. 29.

[18] José Agustín Goytisolo, "En el Xanadú", *op. cit.*, pp. 46-48.

[19] Warren A. James, "'La Manzanera. Xanadú, La Muralla Roja y el Anfiteatro. Calpe (1966-1985)', por Taller de Arquitectura", *op. cit.*, p. 34.

Con una factura y una figuración poética que recuerda enormemente al mundo de Borges (aquel que escribiera que "los astros y los hombres vuelven cíclicamente"[20] y que hablaba "del único, del uno, del que siempre está solo"),[21] el yo poético de esta pieza adquiere un imaginar platónico y la fuerte brisa marina le "trae olor a sal de mares muertos" (v. 2) que lo transporta a "antiguas ciudades", pero es el edificio el que actúa de catalizador, de espacio mítico que es uno y diverso, y que se concreta en diferentes lugares y tiempos de la historia: se halla en Jericó, en la Roma imperial del triunviro Lépido, en el reino azteca de Moctezuma, en algunos de los momentos en que las diferentes civilizaciones han atracado en Messina, o en los muros de Morella viendo el avance de Ramón Cabrera, durante la primera guerra carlista.

Después de este largo imaginar el yo poético admite que "soy | uno tan sólo en el espacio pero | un millar en el tiempo" (vv. 14-16), y eso gracias al lugar que habita, puesto que al oír sus "pasos | en el porche desierto" se siente imbuido de la fuerza "que soñaba para el mundo | Vladimir Ilich Lenin" (vv. 19-20). Este nuevo Xanadú permite la reverberación de su memoria, y cobra conciencia de todos los hombres que han existido, porque a pesar de tratarse de un lugar cerrado ("es mi condena", v. 21) es también un sueño que le permite huir y escapar de sí mismo. Armonizando formalmente, en lo que a silueta se refiere, con el inmenso Peñón de Ifach que se eleva al fondo, el edificio del Xanadú también se yergue sobre la misma costa, y esta gran habitación es descrita como "alta cambiante | fundida en el paisaje hecha de piedra | y desafío al mar" (vv. 23-25). El yo poético, que ya se ha liberado de su ser físico en este emplazamiento ideal, se convierte en un nuevo Tiresias visionario que es capaz de ver tanto aquello que se avecina, como todos los hechos que han sucedido; quizá por esta razón indica que él ha sobrevivido a tantos otros esclavos de un sueño, deseosos de "alzar imperios" (v. 31) que han acabado derruidos. En tanto que visionario es un incomprendido, un ser superior que posee "la antigua clave | que conozco y ejerzo" (vv. 28-29), y que nadie más puede descubrir porque "no os es dado | comprender lo que pienso"; como lo fuera el personaje cuasi sagrado que sería capaz de construir

[20] Jorge Luis Borges, "La noche cíclica" (*El otro, el mismo*, 1964), en *Obra poética (1923-1977)*, Madrid-Buenos Aires, Alianza Editorial-Emecé Editores, 1981 (1977), p. 182, v. 2.

[21] *Idem.*

Ricardo Bofill, *El Xanadú. Complejo de La Manzanera, Calpe* (1966-1968), Taller de Arquitectura.

en el aire la cúpula del Xanadú, tal y como es descrito al final de "El Kubla Khan", en el poema de S.T. Coleridge.

Beware! Beware!
His flashing eyes, his floating hair!
Weave a circle round him thrice,
And close your eyes with holy dread,
For he on honey-dew hath fed,
And drunk the milk of Paradise (vv. 49-54).[22]

[¡Mira, mira
sus ojos centelleantes, su cabellera al viento!
Teje un círculo en torno de él tres veces,
y con sacro temor cierra los ojos,
porque se ha alimentado de rocío de mieles
y ha bebido la leche del Edén.][23]

[22] S.T. Coleridge, "Kubla Khan", en *Poetical works* (ed. E.H. Coleridge), Londres-Oxford-Nueva York, Oxford University Press, 1969 (1912), p. 298.

[23] José M. Valverde (ed.), *Poetas románticos ingleses. Byron, Shelley, Keats, Coleridge, Wordsworth* (trad. J.M. Valverde y L. Panero), Barcelona, Planeta, 1989, p. 55.

La primera parte de ensueño o de arrebato de "En el Xanadú" se prolonga hasta la mitad del verso 42, puesto que a partir de entonces se produce una vuelta a la situación inicial, con el yo poético apoyado en el balcón, frente al mar, pero una vez el viento ya ha amainado; entonces describe el anochecer, y la salida de las primeras barcas de pesca, con sus luces, tras el Peñón, "en un mar ya sereno" (v. 46). Pero tal y como él argumenta, esta vuelta a la realidad y el sueño anterior no se deben al efecto de un cigarrillo de marihuana, planteando una parodia de la explicación que dio Coleridge al origen psicotrópico del sueño de su "Kubla Khan", producido en ese caso por la administración de un calmante por prescripción médica. Sin duda, la explicación de este sobreconocimiento, y de esta multiplicación del tiempo y del ser, debe hallarse en el efecto mágico del edificio, puesto que al acceder, en la estrofa final, una vez más el yo poético a su interior (dice "busco otra vez las escaleras", v. 48) descubre que mientras a los lectores nos sorprenderá la muerte, él sobrevivirá en el tiempo mítico de esta construcción, escuchando "los gritos | de niños que algún día nacerán | y que hace tiempo vi cómo murieron" (vv. 54-56), como si se encontrara en una cuarta dimensión.

En el mismo complejo urbanístico de La Manzanera —al que pertenecía Xanadú— se encuentra el edificio de La Muralla Roja (1974-1975) que da nombre al siguiente poema de esta segunda sección de *Taller de arquitectura.*[24] Contrariamente al resto de construcciones que componen el plan parcial para este conjunto turístico de Calpe, y que intentan integrarse y armonizar con el paisaje —tal y como acabamos de ver—, La Muralla Roja es descrita por el Taller de Arquitectura como "un objeto monumental que, al igual que un templo de la antigua Grecia, sobresale del entorno que lo rodea por su condición escultórica",[25] y juntamente con este carácter sagrado, este edificio se caracteriza por su aparente inaccesibilidad —como apunta su nombre—, entre otras razones porque "parece un recinto fortificado cuyas formas se acomodan a la tipografía del acantilado donde se levanta"[26] y porque "puertas y ventanas, situadas en huecos, ocultas por la sombra, son prácticamente invisibles. Se trata de una arquitectura sin fachada. Dentro, una multitud de pasarelas hacen posible el ir, en

[24] José Agustín Goytisolo, "La Muralla Roja", *op. cit.*, pp. 49-50.

[25] Warren A. James, "'La Muralla Roja (1974-1975)', por Taller de Arquitectura", *op. cit.*, p. 37.

[26] *Idem.*

Ricardo Bofill, *La Muralla Roja. Complejo de La Manzanera, Calpe* (1974-1975), Taller de Arquitectura.

el plano horizontal."[27] Abierto al mar, y ante un paisaje casi despoblado y seco, esta Muralla Roja constituye una "reinterpretación de la tradición mediterránea de la *casbah*, un conglomerado de pasadizos, terrazas, escaleras y patios que son prolongaciones de espacios interiores habitables. Los volúmenes cóncavos y convexos entrelazados espacialmente tienen origen en un sistema geométrico taxativo que se muestra a la vista como un laberinto."[28] Ante tales descripciones del espacio donde se levanta el edificio, y de su aspecto a medio camino entre templo, fortificación y laberinto, el poema de Goytisolo recoge la impresión que causa la visión de una desordenada construcción de tonos rojos intensos que contrasta con el paisaje en un visitante que se siente "absorto acongojado | y sin saber qué hacer" (vv. 6-7), como un nuevo Josef K. ante un castillo kafkiano (jugando con el nombre de otra obra arquitectónica que Ricardo Bofill realizó por aquellos años). El visitante, es decir, el tú poético, se ve interpelado por la voz

[27] Ricardo Bofill, *Espacio y vida*, Barcelona, Tusquets Editores, 1990 (1989), p. 146.

[28] Warren A. James (ed.), "'La Muralla Roja (1974-1975)', por Taller de Arquitectura", *op. cit.*, p. 37.

del poeta, ante la visión de este edificio ante el cual no podrá hacer otra cosa que encontrarse a sí mismo, puesto que está en un lugar mítico —recordemos el planteamiento, anteriormente citado, que regía la construcción de La Manzanera—: La Muralla Roja esconde sus secretos y sólo se podrá acceder a ellos penetrando en su interior, pero ello conlleva una suspensión del tiempo, puesto que el asistente contemplador está a punto de experimentar una regresión delatada por la percepción de una música (quizás el sonido del viento en la cima del acantilado pasando por entre los diferentes volúmenes que componen esta extensa identificación) que funciona en este poema de la misma manera que el canto del ruiseñor en el famoso poema de John Keats que tituló con el nombre de este pájaro.

Por medio de preguntas que no reciben respuesta José Agustín Goytisolo consigue que descubramos los procesos imaginativos del visitante, y las dudas que le asaltan en el mismo instante de reconocerse en un momento y en una sensación vivida. El recuerdo de la música como un sueño o engaño de la imaginación, y la visión de esta muralla como un laberinto o como "un lienzo de colores | rojos como la sangre" (vv. 20-21) y el espanto, le hacen "temblar los pies" (v. 23) al visitante, y se siente atraído hacia sus fauces arquitectónicas. Pero el yo poético le advierte que no puede mancillar con el calzado el interior de este nuevo templo, y, como si de una mezquita se tratara, obliga al extranjero a descalzarse y a penetrar hasta su centro, "hasta la celda | que te aguarda" (jugando con la idea de prisión y recogimiento espiritual), en un viaje sin retorno: aunque se pueda salir físicamente del edificio "ya no existe el regreso | nadie podrá salir" porque éste es el lugar de los sueños, de la suspensión del tiempo, donde se concretan y se imaginan diferentes mundos y espacios. El poema, por lo tanto, se convierte en una cifra de la percepción estética del contemplador de un edificio tal como La Muralla Roja, donde la experiencia de contemplador (extraño) y habitante (propio) se entremezclan en una construcción funcional que adquiere un carácter artístico y casi sagrado, como advirtió Bofill en una entrevista, al indicar que la arquitectura "aparece cuando convierte la casa en templo. La arquitectura es un hecho cultural, estético, que se manifiesta en el instante en que lo convencional se hace monumental."[29]

[29] *Ibid.*, " 'Clasicismo y técnica. Entrevista a Ricardo Bofill', por Warren A. James" (1985), p. 187.

Muchas de las ideas y concepciones formuladas en "La Muralla Roja" se van a mantener y perfilar aún más en "Walden",[30] un poema que toma el nombre del edificio Walden-7 que el Taller de Arquitectura proyectó y construyó entre 1970 y 1975, y que homenajea el tratado de Henry David Thoreau, *Walden; o la vida en los bosques* (1854) —obra que coincidía con el pensamiento idealista y combativo de Ricardo Bofill y de José Agustín Goytisolo—, y, a su vez, la novela del psicólogo conductista norteamericano B.F. Skinner, titulada *Walden Dos* (1948) —donde se describe la futura sociedad programada y científicamente construida.[31] El poema de Goytisolo está compuesto por tres partes que corresponden, respectivamente, a la descripción del sueño del Walden-7, los impedimentos oficiales para realizarlo, y, por último, el producto final acabado. En la primera parte, plantea el anhelo arquitectónico de aquellos que planearon "un lugar muy diverso de los ya conocidos" (v. 2) y que pretendían luchar "contra la indiferencia y la vulgaridad" (v. 4), manifestando un menosprecio ante una ciudad vulgar (precisamente semejante al que siente el tú poético de "Ventana a la Plaza de San Gregorio"). Además, tengamos en cuenta el emplazamiento real sobre el cual se acabó elevando este edificio, y que describe así el Taller de Arquitectura: "Walden-7 asocia la noción de monumentalidad arquitectónica a la colectividad que lo habita, de paso yuxtapone un sello reconocible al entorno suburbano que lo engloba. [...] En contraposición a la mediocridad de los alrededores."[32] Muchas de las ideas sobre la sacralización de la arquitectura que se habían expuesto ya a propósito de La Muralla Roja, o incluso de Xanadú, ahora volverán a repetirse al comparar el edificio con "una iglesia desbordando incienso | por ventanas y claustros y jardines" (vv. 7-8), mezclando lo urbano, con el recogimiento monacal y con los espacios de verdor y de solaz. Sin duda, la descripción técnica del proyecto presenta una versión prosaica del poema.

Las fachadas exteriores de la primera fase, ya concluida, se asemejan a una muralla, son un enaltecimiento de la arquitectura suburbana. La apariencia

[30] José Agustín Goytisolo (1977), "Walden", *op. cit.*, pp. 51-52.

[31] Jordi Virallonga ofrece una detallada relación del pensamiento de Skinner, relacionándolo con el "Walden" de Goytisolo: véase Jordi Virallonga, *José Agustín Goytisolo. Vida y obra*, Madrid, Libertarias/Prodhufi, 1992, p. 314n.

[32] Warren A. James (ed.), "'Walden-7. Sant Just Desvern (1970-1975)', por Taller de Arquitectura", *op. cit.*, p. 44.

general es de una fortaleza sobria y monumental por sus formas, rojiza por el color de la cerámica que la recubre. Grandes espacios y ventanas típicamente urbanas de varias plantas de altura abren el monumento al espacio exterior para conferirle cierta austeridad y hacerlo accesible a los vientos y al vacío sin mermar su solidez.[33]

La alusión a la acción del viento al penetrar a través de las aberturas del edificio permiten concebir el "Walden-7" como una gran arpa eólica (metáfora típica del romanticismo para formular la creación del artista inspirada por la naturaleza), que Goytisolo en su poema presentará "como una partitura abierta a mil sonidos" (v. 6) —como muchos de los edificios poetizados por el poeta español, en los cuales la música y el viento tenían importancia crucial, sin ir más lejos "La Muralla Roja". De hecho, el Walden-7 se planteó como una progresión, desarrollo y materialización de las investigaciones realizadas en el Barrio Gaudí y en La Ciudad del Espacio, en Madrid, que representaba "la ciudad del futuro, la síntesis de las configuraciones geométricas y volumétricas que se proponen como medio para llegar al fin anhelado",[34] y que el yo poético de "Walden" describe como "un refugio en el aire" (v. 3). Aquel "espacio libre" que facilitaba "las improvisaciones del paseante interior"[35] era el adecuado para llevar a cabo una modificación de la arquitectura urbana, y por consiguiente de la vida de sus gentes, como si fuera un "sueño", tratando "de dar salida al problema de falta de actividades colectivas de espacios públicos al servicio de las personas que aquejan a las ciudades actuales".[36] Por esta razón el final de esta primera sección del poema termina con un canto a la esperanza, "todo iba a cambiar en aquel sitio | todo iba a cambiar porque en el sueño | las cosas imposibles ocurren fácilmente" (vv. 10-12), y ello encaja con los anhelos del Taller de Arquitectura, con los inicios del proyecto, puesto que "artistas, escritores y filósofos ocupan masivamente aquella construcción que, se supone, va a crear un nuevo estilo de vida".[37]

[33] *Idem.*

[34] *Ibid.*, "'La Ciudad en el Espacio. Moratalaz (1970-1972)', por Taller de Arquitectura", p. 42.

[35] Ricardo Bofill, *op. cit.*, p. 147.

[36] Warren A. James (ed.), "'Walden-7. Sant Just Desvern (1970-1975)', por Taller de Arquitectura", p. 44.

[37] Ricardo Bofill, *op. cit.*, p. 147.

Ricardo Bofill, *Walden-7. Sant Just Desvern* (1970-1975), Taller de Arquitectura.

En la segunda parte del poema aparecen "las fuerzas más oscuras" (v. 14), la dura represión de la realidad que corta las alas al deseo, y frente a la acción de las cuales se lamenta el yo poético. Una vez más vuelve a aparecer la gris burocracia correctora representada por "las ordenanzas y la tinta roja" (v. 15), que obliga a los artistas soñadores a atenerse "a las normas más estrictas" (v. 20) e impide la realización de una segunda fase constructora que aún puede apreciarse en el *Plan director del emplazamiento*. Aunque en el caso del Walden-7 se acabaría concretando en una reducción de la luz, la supresión de jardines y la numeración de las casas para vender "a metros cúbicos el aire" (v. 19), mercantilizó el arte arquitectónico y ahuyentó el utópico sueño comunitario, que se formula poéticamente mediante un símbolo hölderliniano, al indicar que acabó "perdiéndose en el cielo como un águila altiva" (v. 24) —en clara alusión al poema "El águila" del vate alemán. La tercera parte del poema es la descripción valorativa del edificio final, "algo inhabitual y sorpresivo" (v. 28), capaz sin duda de modificar la realidad por el hecho de haber nacido de un sueño, a pesar de que éste se haya visto cercenado. Si el edificio se planteaba como un monumento a la colectividad que lo habitaba, el producto final aún pretende reflejar esta misma idea en su interior, descrito como una cueva o un castillo mágico (v. 9). Ésta es la descripción del proyecto realizada por el Taller de Arquitectura.

> El espacio interior es la reunión de cuatro patios y la caja de ascensores de donde parten los puentes y pasillos que conducen a las viviendas. [...] Las medidas de diferenciación y protección del exterior aplicadas al espacio central tienen por finalidad acondicionarlo para uso de la comunidad en una tentativa más de recuperar, con igual meta, la calle y la plaza y de crear un mundo interior aislado del caos exterior.[38]

La segunda estrofa de la tercera parte del poema de Goytisolo identifica el edificio con una colmena, capaz de crear intimidad, y a su vez de propiciar la mezcla de "modos de vida diferentes" (v. 29), y de incluir "sitios de encuentro y de reposo" (v. 31), una idea crucial que se va repitiendo a lo largo de las piezas que componen esta segunda sección de *Taller de arquitectura*. Aunque la estrofa final del poema pueda tomarse como una valoración sobre el paso del tiempo y la perdurabilidad de la idea de arquitectura y sociedad reflejada en la apariencia externa que va a permanecer del Walden-7, me inclino a concebirla como un lamento por la frustración del proyecto inicial, puesto que anota que "el tiempo dejará señales en los muros" (v. 34), imaginando esta obra arquitectónica como un luchador derrotado sobre cuya piel pueden verse las cicatrices de las heridas, para así presentar la descripción real de la imagen de aquel edificio que "nunca queda realmente terminado" y donde "los materiales se deterioran"[39] —tal y como fue descrito años más tarde por Ricardo Bofill. El final concluyente indica que el sueño no se pudo realizar como se deseaba porque era demasiado ambicioso y la realidad estaba en contra: "todo | estaba preparado para que así ocurriera" (vv. 35-36).

El último poema que compone esta segunda sección de *Taller de arquitectura* es la pieza más mimética con respecto al original urbanístico, puesto que se plantea como una descripción imaginaria en

[38] Warren A. James (ed.), "'Walden-7. Sant Just Desvern (1970-1975)', por Taller de Arquitectura", *op. cit.*, p. 44.

[39] Ricardo Bofill, *op. cit.*, p. 147.

pasado de las transformaciones que el arquitecto, y yo poético, imaginó a medida que iba paseando por el barrio parisiense de Les Halles. Desde esta perspectiva podría decirse que en un primer momento el planteamiento del poema recuerda al del famoso poema "Zona" de Guillaume Apollinaire, donde un viandante pasea y describe un París moderno, aunque con la particularidad de que en los versos de Goytisolo asistimos a una descripción del presente de la percepción y de las visiones urbanísticas que pretende operar el arquitecto. En este sentido, más que ningún otro poema inserto en esta sección, "Imagen de Les Halles"[40] consiste, prácticamente, en una versión poética del proyecto planificado por el Taller de Arquitectura de Ricard Bofill, que describe de la siguiente forma:

> Este proyecto organiza el uniforme espacio existente en una plataforma rectangular tratada como si fuera un jardín geométrico de gran extensión esculpido *à la française* al que rodean la Bourse du Commerce, los edificios de las calles Berger, Sauval, Clemence Boyer y Coquillière, además de la ecléctica Église de Saint Eustache [...].
>
> En el recinto externo del jardín se distribuyen conjuntos geométricos de arbolado a manera de una inmensa construcción vegetal dotada de pilares de troncos barrocos arboriformes de ladrillo que dan apoyo a bóvedas, arcos y pérgolas recubiertas por la vegetación; se reparten también plazas recoletas abiertas al cielo, rincones escondidos donde es posible perderse y reencontrarse dentro de laberintos que dirigen la visión al edificio de la Bourse du Commerce, a Saint Eustache y a La Fontine des Innocents. El *Bosque* está delimitado interiormente por una columnata doble, elíptica, de poca anchura, cubierta y diáfana.[41]

El conjunto de versos se convierte en el informe mental de la transformación arquitectónica global de este barrio de París, pero construido sobre la forma de un discurso figurado, dado que mientras suponemos que en el poema asistimos a los procesos imaginativos e intelectuales de un arquitecto, al final se acaba confirmando que todo ha sido un sueño. De la misma forma que Coleridge tuvo conciencia de que había soñado y compuesto el poema "Kubla Khan", el arquitecto del poema "Les Halles" ha transformado oníricamente "un barrio

[40] José Agustín Goytisolo, "Imagen de les Halles", *op. cit.*, pp. 53-54.

[41] Warren A. James (ed.), "'Les Halles. París (1975)', por Taller de Arquitectura", *op. cit.*, p. 70.

Ricardo Bofill, *Les Halles. París* (1975), Taller de Arquitectura.

denso y lleno de pequeñas anécdotas | muy bello" (vv. 3-4). No obstante, el referente literario que condiciona la factura del poema, e incluso su presentación en forma de discurso figurado, no es otro que "Rêve Parisien" ("Sueño parisiense") que Charles Baudelaire incluyó en los *Cuadros parisienses* de *Las flores del mal*. En este poema el mismo yo poético se convierte en "Architecte de mes féeries" ["Arquitecto de mis sueños"] (v. 37) y reelabora bellamente, a la manera clásica, un paisaje parisiense que en la estrofa inicial caracteriza de la siguiente forma:

De ce terrible paysage,
Tel que jamais mortel n'en vit,
Ce matin encore l'image,
Vague et lontaine, me ravit.

[De aquel terrible paisaje,
Como nunca vio mortal,
Esta mañana aún la imagen
Vaga y lejana perdura] (vv. 1-4).[42]

[42] Charles Baudelaire, *Las flores del mal* (trad. M. Neila), Madrid, Ediciones Júcar, 1988, pp. 202-203.

Ricardo Bofill, *Les Halles. París* (1975), Taller de Arquitectura.

Al final, cuando ha convertido París en un conjunto armónico y bello, inundado de "un silence d'éternité" ["un silencio sempiterno"] (v. 52), el yo poético despierta y descubre la horrorosa y fea realidad de su cuarto. El modelo baudelaireano obliga a Goytisolo a ser absolutamente mimético y a describir el paseo creador del arquitecto que sirve para caracterizar el proyecto que acabaría realizando Ricardo Bofill, siempre al servicio de las mismas ideas que han ido caracterizando el Taller de Arquitectura, y que expone a propósito de otro diseño urbanístico llevado a cabo en 1975:

> la simbología arquitectónica que nos proponemos emplear comprende elementos tales como puentes, torres, puertas, catedrales, bóvedas, castillos, portadas y jardines. Nuestra intención es que estos símbolos se apliquen con preferencia en espacios y edificios públicos, en aquellos lugares donde se desarrolla la vida cotidiana, sustituyendo a los que se utilizan de ordinario, como los inmensos rascacielos que no son sino la representación de la propiedad privada y del poder del dinero. Proponemos, en suma, un simbolismo francés que remplace el lenguaje simbólico importado de Estados Unidos.[43]

[43] Warren A. James (ed.), "'Eje Louvre-La Défense. París (1975)', por Taller de Arquitectura", p. 68.

Como dice el poeta barcelonés por boca del arquitecto que reforma "Les Halles", "rehíce las fachadas y también los telones de este sueño" (v. 49). Pero sin temor a equivocarnos, tras la idea de sueño no tenemos por qué reducirlo a la descripción onírica de aquel Barrio parisiense, sino que bien podemos entender —como reflejan todos los poemas de esta sección— que tras la idea de sueño se halla su concepto de arquitectura, como una forma de idealismo capaz de transformar la ciudad, y por extensión la sociedad. Así pues, tanto desde el punto de vista del observador, como desde la perspectiva del creador, en todos estos poemas José Agustín Goytisolo consigue plantear que el urbanismo repercute sobre las conductas e ideas humanas, y que a su vez este saber artístico se ve condicionado por las concepciones de la sociedad. Un círculo de influencia del cual no queda aislada la poesía, puesto que este arte se convierte en vehículo de descripción e interpretación de obras arquitectónicas (estableciéndose un auténtico diálogo interartístico en el cual los textos que refieren la realización de los proyectos se convierten en intertextos decisivos), pero a su vez, también, en un documento ideológico que permite al poeta expresar sus ideas sobre la arquitectura y, en último término, sobre su imagen ideal de la sociedad que en ella habita.

> Tenemos que partir del caos actual
> remontarnos y ver la realidad con ojo de águila
> y aprender a proyectar de nuevo nuestras casas
> nuestros pueblos nuestros barrios nuestras ciudades
> y también la región y el territorio y el país
> y el planeta
> controlando y previendo
> los cambios que han de suceder de un modo inevitable
> para que nuestro entorno esté de acuerdo
> con nuestras ideas y nuestros fracasos
> para que nada resulte tan discordante y necio como ahora
> en los tiempos futuros.[44]

[44] José Agustín Goytisolo, "Manifiesto del diablo sobre la arquitectura y el urbanismo", *op. cit.*, pp. 97-98.

7. IDEAS SOBRE EL CANON Y LA TRADICIÓN
(La crítica artística de Gabriel Ferrater)

> La crítica, según yo la entiendo, es el esfuerzo de discriminar las experiencias y evaluarlas. No podemos hacerlo sin comprender algo de la naturaleza de la experiencia o sin disponer de una teoría del valor y de una teoría de la comunicación.
>
> I.A. RICHARDS
> *Fundamentos de crítica literaria*

Siempre que existe una decisión o una explicación literaria, en el momento de llevar a cabo un ejercicio de crítica literaria, puede decirse, aunque no se verbalice explícitamente, que existe un lugar de certeza desde el que se habla, y desde el cual se ejerce una toma de decisión. De acuerdo con el *new critic* I.A. Richards, quizá cabe ser consciente de que en todo momento existe una teoría del valor que dirige el juicio literario, por mucho que esta idea del valor sea coherente y perfectamente estructurada, o puramente intuitiva.[1] Por esta razón este ensayo pretende dilucidar las ideas sobre el valor de la literatura que son recurrentes y características a lo largo de los artículos de crítica literaria que compuso durante sus casi cincuenta años de vida Gabriel Ferrater, y que llegan a hacerlos tan innovadores por tradicionales —siguiendo la idea expuesta por T.S. Eliot en "Tradición y talento individual"—, provocando que los autores y obras que aparecen sean tratados de una manera particular.

Puede llegar a parecer que todo lector posee una idea muy clara de las grandes obras literarias, o sencillamente de las obras canónicas de su literatura. Posiblemente esta sensación sea debida a la parcelación del conocimiento y a una tendencia endogámica, propiciada por

[1] De todas formas, no creo que se pueda o se deba caer en la polarización reduccionista que plantea Harold Bloom en *El canon occidental*, al concebir como estéticos los juicios de valor, y al negarles la carga ideológica —como podría defender la mal llamada "escuela de la sospecha"—: cf. Harold Bloom, "Prefacio y preludio" y "Elegía al canon" en *El canon occidental*, Barcelona, Anagrama, 1995 (1994).

todas las literaturas nacionales —se debe recordar que las disciplinas literarias institucionales no son otras que la historia de la literatura, la filología y la crítica textual—, que tienden a considerar relevantes, especialmente, aquellos autores u obras que ejercieron una influencia sobre la literatura del país o de una lengua determinada. Sin duda éstos son los principales motivos, juntamente con la creciente producción de literatura contemporánea, que llevaron al poeta y crítico angloamericano, W.H. Auden, a que el yo poético de su "Letter to Lord Byron" se lamentara de la ausencia de clásicos como en la época de Chaucer ("*But if no classics as in Chaucer's day*"):[2] es decir, autores por todo el mundo conocidos o copiados, y transmitidos a lo largo de los siglos por medio de los *accesus ad auctores*, aquellos listados de autores que cualquier escritor de valor debía conocer e incluso permitirse el lujo de enumerar en cualquier composición, como hizo Chaucer al final de *Troilus and Criseyde*:

> *But litel book, no makyng thow n'envie,*
> *But subgit be to alle poesye;*
> *And kis the steppes whereas thow seest pace*
> *Virgile, Ovide, Omer, Lucan, and Stace.*[3]
>
> [Pero pequeño libro, no suscites envidia,
> al contrario, sé humilde ante toda poesía;
> y besa las pisadas por donde ves pasar
> a Virgilo, Ovidio, Homero, Lucano y Estacio.]

La empresa de pretender rastrear el concepto de canon, a lo largo de la obra crítica de Gabriel Ferrater, sólo se puede emprender admitiendo la ligazón de este concepto con una idea de la tradición, y de la perpetuación de ésta. Pero empecemos por el principio y recordemos que según la teórica Irena R. Makarik, por canon cabe entender "un cuerpo de escritos o demás obras de creación que han sido reconocidas como estándar o autoridades",[4] e incluso puede

[2] W.H. Auden, "Letter to Lord Byron" (1936), en *Collected poems*, Londres, Faber & Faber, 1991 (1976), p. 85, v. 145.

[3] Geoffrey Chaucer, *Troilus and Criseyde*, en *The Riverside Chaucer* (ed. L.D. Benson), Oxford, Oxford University Press, 1989, lib. v, vv. 1789-1792, p. 584 (La traducción es mía).

[4] Irena R. Makarik, "Canon", en *Encyclopaedia of contemporary literary theory*, Toronto University Press, 1993, p. 514.

concebirse como "una lista de textos que se conciben como 'clásicos' o culturalmente centrales".[5] En resumen, se puede considerar que un canon es un conjunto de obras que son vistas como clásicas, pero entonces volvemos a encontrarnos en un callejón sin salida, a menos que intentemos dilucidar el concepto de clásico. La categoría de clásico ha sido hartamente tratada desde la crítica y la teoría de la literatura por autores como T.S. Eliot, Manuel de Montoliu o más recientemente Italo Calvino, aunque voy a recurrir a la explicación más antologada y antologable, por clara, que ofreció en el siglo pasado Charles-Augustin Sainte-Beuve:

> un verdadero clásico, como me agradaría definirlo, es un autor que ha enriquecido el espíritu humano, que ha aumentado el tesoro, que ha llevado a realizar un paso más, que ha descubierto cualquier verdad moral inequívoca, o ha retomado cualquier pasión eterna dentro de este corazón donde todo parecía conocido y explorado.[6]

Fijémonos que el autor francés destaca mayoritariamente la originalidad de los clásicos ("enriquecer", "aumentar", "dar un paso más" y "descubrir"), mientras que solamente acepta como única virtud la capacidad para "retomar" la tradición, tal vez respondiendo a un gusto de época, cuando se consideraba más importante la innovación que la imitación. De todas formas, a pesar de la fama que ha adquirido esta definición, Sainte-Beuve se ocupa solamente de los autores clásicos, pero no toma en consideración sus obras, mientras que la definición que Italo Calvino hace del término en *¿Por qué leer los clásicos?* sí amplía el ámbito de estudio: "se llama clásicos a los libros que constituyen una riqueza para quien los ha leído y amado, pero que constituyen una riqueza no menor para quien se reserva la suerte de leerlos por primera vez en las mejores condiciones para saborearlos".[7] Gabriel Ferrater también acepta el concepto de clásico en sentido lato —haciéndolo extensivo a obras y a autores—, y lo utiliza como un concepto crítico extendido al hablar de dos novelas de Henry James:

[5] A. Preminger y T.V.F. Brogan, "Canon", en *The New Princeton Encyclopaedia of poetry and poetics*, Princeton University Press, 1993, p. 166.

[6] Charles-Augustin Sainte-Beuve, "Qu'est-ce qu'un classique", en *Causeries du lundi*, París, 1850, p. 42.

[7] Italo Calvino, "¿Por qué leer los clásicos?", en *¿Por qué leer los clásicos?*, Barcelona, Tusquets, 1992, p. 14.

"para muchos críticos, *The portrait of a lady* es su obra maestra. *Washington Square* y *The bostonians* se consideran hoy como clásicos de la novela de lengua inglesa".[8] De hecho, podemos percibir cómo en este pasaje la calificación de clásico va acompañada de un locativo ("novela inglesa") y de una expresión temporal, que, hasta cierto punto, ponen de manifiesto la capacidad de modificación del canon, puesto que depende de su producción: de quién y de cuándo lo realiza.

En este sentido, da mucho que pensar esta percepción temporalmente cambiable que tiene Ferrater de lo que es un clásico literario si se pone en relación con la definición que ofreció Jorge Luis Borges en "Sobre los clásicos", justo un par de años antes de que el autor catalán empezara a escribir todos estos artículos críticos:

> clásico es aquel libro que una nación o un grupo de naciones o el largo tiempo han decidido leer como si en sus páginas todo fuera deliberado, fatal, profundo como el cosmos y capaz de interpretaciones sin término. Previsiblemente, esas decisiones varían. [...]
>
> Clásico no es un libro (lo repito) que necesariamente posee tales o cuales méritos; es un libro que las generaciones de los hombres, urgidas por diversas razones, leen con previo fervor y con una misteriosa lealtad.[9]

Desde esta definición de clásico de Borges podemos entender que el concepto de "clásico" está estrechamente ligado al de "tradición" y es condicionante de la misma, ya que su dominio es literario y su ámbito puede ser tal como lo describe el autor argentino: una nación, un grupo de naciones o la evolución temporal. Pero no se pretende llegar a una definición estándar y lo más general posible de estos términos, sino bien al contrario: intentar determinar cómo podía entender este concepto Ferrater a lo largo de sus escritos. Por lo tanto, parece lógico tratar de detectar el significado que otorga al término tradición por medio de la observación de los contextos en que éste aparece, como el siguiente: "siguiendo una tradicional ficción romántica, el libro se presentaba como publicación de los manuscritos de un escritor muerto en su juventud".[10] En esta frase vemos

[8] Gabriel Ferrater, "Henry James", en *Escritores en tres lenguas*, Barcelona, Antártida/Empúries, 1994, p. 222.

[9] Jorge Luis Borges, "Sobre los clásicos", en *Otras inquisiciones*, Madrid, Alianza Editorial, 1960, p. 191.

[10] Gabriel Ferrater, "André Gide", en *Escritores en tres lenguas*, p. 82.

que la forma adjetiva del término se usa para indicar la costumbre de utilizar un mismo sistema de presentación de los materiales literarios —en este caso de ficción. Así pues, la carga de continuidad, o de reiteración de algo existente anteriormente, que aporta este concepto, no será nunca rehusada sino afirmada y aplicada en el ámbito literario. De suerte que podríamos decir que los términos clave que completan el significado de tradición pueden ser continuidad, repetición y dignidad —entendiendo, como se ha dicho, que la tradición literaria suele estar compuesta por las obras clásicas.

Ateniéndose a esta noción de tradición, al hablar de Edwin Arlington Robinson, Ferrater detalla de qué manera la forma poética y el estilo de este poeta norteamericano retoman (repiten, continúan) otras obras considerables (recordadas por su dignidad), a pesar de no ser tradicionalmente poéticas, puesto que han estado ligadas a otros géneros, o contenidos, o bien olvidadas; y de tal guisa se termina perdiendo la posición central en la tradición del género, como acaba apuntando el crítico catalán.

> Robinson se atiene a las formas clásicas del verso inglés, y si la suya no es una dicción tradicionalmente poética, tampoco rompe con la tradición, y en particular con el extremo de la misma que para él representaban los poetas del ochocientos. Al enumerar los precedentes inmediatos de su estilo, se les encuentra generalmente en Crabbe, a quien Robinson homenajeó en un soneto, en Browning, en Praed cuyo estilo ligero supo él adaptar a una poesía mucho más ambiciosa. Pero, puestos a buscar para Robinson antecedentes decimonónicos, tal vez sería más adecuado insistir en que sus temas y sus puntos de vista se encuentran mucho más difusos en la novela que en la poesía del siglo pasado.[11]

A la luz de este fragmento se puede ver cómo, aparte de esta noción de repetición y continuidad, el concepto de tradición contiene un gran componente de cambio e innovación, porque no puede haber perpetuación y reiteración sin que se observe ninguna alteración y por lo tanto un cambio. Así, las distintas innovaciones que se produzcan con respecto a la tradición literaria tendrán lugar en el seno mismo de ésta, mediante la operación de retomar formas, géneros, temas o asuntos ya ofrecidos por la tradición, que permite que sean

[11] *Ibid.*, "Edwin Arlington Robinson", p. 264.

tratados de diferente manera o que, sencillamente, presentan alguna sorpresa en el momento histórico en que se retoman, por el hecho de no haber sido cultivados —y, por consiguiente, olvidados— desde hace mucho tiempo. Desde esta perspectiva explica Ferrater el éxito de La Fontaine, que rescata del olvido el género de la fábula y le da un tratamiento distinto al que tradicionalmente había recibido.

No es cierta la afirmación hecha por algunos historiadores, según la cual, al volverse al género de la fábula, La Fontaine no hacía más que seguir una moda. Antes al contrario, la fábula, cultivada con asiduidad por los humanistas del siglo XVI, había caído en completo descrédito en el siguiente. Una vez más, pues, La Fontaine demostraba su piedad histórica al resucitar el viejo género y rescatarlo del orden de la literatura pueril.[12]

Esta recuperación valorativa no sólo se produjo en la época, en el siglo XVII, con el género de la fábula, sino que Ferrater nos explica que La Rochefoucauld introdujo el gusto por el género del aforismo en una sociedad que, hasta entonces, no había tenido en cuenta esta forma literaria: "es interesante observar que la elaboración de máximas no era moda, y que La Rochefoucauld la introdujo por propia iniciativa en la sociedad de Madame de Sablé".[13] No obstante, la fuente de la innovación desde la tradición —continuación o reanudación— no tiene que producirse desde la disidencia de la propia época histórica, sino que también hay una evolución de la literatura por medio de la reiteración de modelos tradicionales, como en el caso de Diderot, de quien afirma el poeta expañol que anticipa el romanticismo mostrando una mayor agudeza visual y sensibilidad respecto a los modelos literarios propios del nuevo siglo.

Genio de la concisión en un siglo de escritores concisos, Diderot debía probablemente la audacia de su movimiento al ejemplo de Rabelais y de otros escritores preclásicos, a los que sólo él, en su siglo, supo leer de modo no superficial ni pedante. Esta mayor densidad de tradición le ha proporcionado, correlativamente, su anticipación del futuro, de los modos poéticos y "románticos" que el siglo siguiente creyó inventar en pugna con el XVIII, pero que Diderot (cierto que el Diderot en su gran parte inédito) daba ya sin turbiedades.[14]

[12] *Ibid.*, "Jean de La Fontaine", p. 97.
[13] *Ibid.*, "François de La Rochefoucauld", p. 101.
[14] *Ibid.*, "Denis Diderot", p. 79.

Es esta "densidad de la tradición" la que permite, por lo tanto, entender la evolución literaria, en sus fenómenos de innovación y originalidad, a la vez que reafirma su noción de continuidad y aparente anquilosamiento monumental —en el sentido de falta de movimiento. Esta noción de "tradición", planteada en estos términos, inevitablemente, hace pensar en el célebre ensayo de T.S. Eliot, "Tradition and individual talent" (1920), en que, aparte de tratar el pasado como una simultaneidad para el escritor en el presente, el autor de *La tierra gastada* defiende que hay una innovación del presente desde este pasado. Una semejanza de planteamiento que puede ser discutible, pero en ningún caso obviable.

Una vez que hemos observado de qué forma trata Ferrater los conceptos de clásico y de tradición, hay que abordar el concepto de "canon"; y para intentar caracterizarlo querría tomar la siguiente definición que, aunque larga —y quizás un poco demasiado anglocéntrica—, ofrece un diccionario que podemos filiar en la corriente crítica contemporánea conocida como Estudios Culturales, concretamente la más próxima a la rama estadunidense.

El concepto de *canon* ha sido adaptado a la crítica literaria para designar a aquellas obras y autores cuya posición literaria, lograda mediante un consenso impreciso, se considera "mayor". Aunque muchos críticos literarios contemplan el canon como algo casi rígido y reacio al cambio, en realidad siempre ha sido muy cambiante. Ciertamente autores tales como Milton, Shakespeare, Chaucer, y Wordsworth ocupan un lugar central en el canon de la literatura inglesa, y es improbable que pierdan su posición; aunque otros autores, como John Donne, Aphra Behn, o George Meredith han sido más o menos reconocidos como centrales de acuerdo con la recepción de sus obras por críticos de épocas concretas.

El proceso por el cual un autor o una obra se establece como "canónica" se llama "formación del canon". Éste no es un procedimiento formal sino la acumulación de un número de factores, que incluye la referencia repetida a un autor o a una obra por parte de críticos y escritores, la actualidad de un autor o de una obra en una comunidad, y la incorporación de un autor o de una obra al plan de estudios de la escuela o la universidad.[15]

[15] Joseph Childers y Gary Hentzi (eds.), "Canon/Canon formation", en *The Columbia dictionary of modern literary and cultural criticism*, Nueva York, Columbia University Press, 1995, p. 37.

Cabe recordar que el cuestionamiento del canon occidental, básicamente, ha sido emprendido con fuerza por las teorías literarias feministas, que han puesto de manifiesto la tendenciosidad ideológica de la memoria literaria —que en último término es lo que podemos entender como canon— y la naturalización de este ejercicio de repetición de unos autores y unas obras por parte de las instituciones literarias y, de esta manera, han invitado al desenmascaramiento de la construcción del canon y a su discusión y reconstrucción. Quizás en los mismos años en que empezaba una movilización sociocultural en el ámbito de la teoría de la literatura (lo que en términos de Thomas S. Kuhn, aplicado al campo literario, hay que interpretar como un replanteamiento *in vitro* del paradigma por parte de la *Nouvelle critique*, la deconstrucción, los Estudios Culturales y, como ya he dicho, las teorías feministas) podemos entender que, hasta cierto punto, en la medida en que Gabriel Ferrater muestra el canon bajo un sesgo determinado y especial —y por lo tanto cabe suponer que personal—, el crítico catalán también ofrece un cuestionamiento del canon, hasta hace poco inédito. Tarea que no se puede llevar a cabo sin una idea general sobre la literatura y un posicionamiento valorativo.

Es esencial, llegados a este punto, dejar clara cuál era la conciencia que tenía el autor de Reus de estar proponiendo una visión distinta del panorama literario y, todavía más importante, poder saber si este crítico conocía cuáles eran las causas principales que formaban o condicionaban la composición del canon. Sólo en la medida en que logremos demostrar que Ferrater era conocedor de los problemas intrínsecamente ligados al canon y a su alteración podremos justificar una participación directa de éste en la modificación del canon literario catalán y mundial. Posiblemente, la mejor manera que tenemos de ver la influencia que tuvo a la hora de afrontar la composición de un canon literario es echando mano de sus "Conferencias de literatura catalana", cursos de historia de la literatura catalana contemporánea que pronunció entre los años 1965 y 1967 en la Universitat de Barcelona. Ya en su primera conferencia —que sólo conocemos gracias a los apuntes de Joan Alegret— se cuestionó la composición de la historia de la literatura catalana, denunciando que "en nuestra literatura ha habido: inflación de las mediocridades [y] deflación de las verdaderas excelencias".[16] Basta este comentario para darnos

[16] Gabriel Ferrater, "Josep Carner", en *Conferències de literatura catalana* (inédito), 1965-1967, p. 3.

la medida de lo que serán estos cursos de literatura catalana actual: un intento por restituir el auténtico valor a las mejores obras de los principales artistas catalanes de este siglo. En este mismo sentido, la "Carta a un neófito castellano..." (1957-1958) era un texto que ya se proponía esto mismo: convertirse en un programa de lectura que pretende destacar las mejores obras de la literatura catalana, y desenmascarar la baja calidad de aquellos productos que pueden haber sido sobrevalorados por la tradición. Al cabo de los años, Enric Bou indicó que la elección de escritores catalanes llevada a cabo en esta epístola fue hecha repudiando "los criterios estéticos patriótico-reivindicativos, historicistas, que eran (¡y son!) los habituales en la historiografía catalana".[17]

De estos textos se desprende inmediatamente que el poeta y crítico español ha sabido observar el funcionamiento de la historia literaria, y que ésta ha ido perpetuando el estudio y la fama de unos autores y unas obras y, a la vez, ha ido condenando al olvido otras producciones y artistas. En la segunda de las conferencias sobre literatura catalana contemporánea, a finales de 1965, dejaba ya claro que él mismo, tal y como hace la tradición literaria, llevaba a cabo una elección según excelencia literaria de los autores; es por eso que "Maria-Antònia Salvà, Josep-Sebastià Pons, Marià Manent, Salvat-Papasseit. [Son] apreciables, pero de segunda fila. Explicaremos sólo los escritores más importantes." La construcción de su programa literario sigue, en primer lugar, con un criterio valorativo centrado en la calidad de la obra de los diferentes autores de este siglo que han escrito en catalán —en este caso poetas—: desestima todos los autores más arriba nombrados, pero comenta la obra de autores como Carner, Riba, Guerau de Liost o J. V. Foix. No obstante, hace presente a sus alumnos que —a pesar de que podrían llegar a discutir sobre cuál de ellos fue más buen escritor— es incontrovertible que no todos tienen una misma importancia para la historia de la literatura catalana: "poetas como Carner o como Riba tienen, de una forma más marcada que Guerau de Liost, lo que podríamos llamar su dimensión histórica, su inserción dentro de la dinámica de la historia literaria catalana".[18]

[17] Enric Bou, "Cànon i canó: perspectives sobre literatura catalana i castellana", en Jaume Pont y Josep M. Sala-Valldaura, *Cànon literari: ordre i subversió. Actes del col·loqui internacional*, Lleida, Institut d'Estudis Ilerdencs, 1998, p. 165.

[18] Gabriel Ferrater, "Guerau de Liost" (1966), en *Cartes a l'Helena*, Barcelona, Empúries, 1995, p. 97.

Ferrater está juzgando la obra de estos poetas por la capacidad de integración dentro de la historia de la literatura a la que pertenecen (y no olvidemos que toda historia literaria es, por sí misma, un canon de excelencia, pero con una clara determinación histórica), es decir, por la capacidad de entrar dentro del movimiento interno de reanudación de una tradición literaria catalana y de transmitirla a otros autores. De esta manera, los distintos artistas toman importancia según cuál es el papel que en ella representan: si sus obras tienen una "dimensión histórica" o no. Fijémonos en que, por lo que se desprende de las palabras del crítico catalán, lo que se defiende es una idea de historia literaria que no es vista como un todo establecido, sino que se plantea dinámicamente, por decirlo de otra forma, como una serie de movimientos producidos por unas fuerzas determinadas: literarias, culturales o sociales. Bien poco influye en esta concepción la importancia de la obra de un autor —aunque literariamente sí que se ha aceptado considerar mejor la poesía de Riba o de Carner que la de Guerau de Liost—, y esto es planteado por el mismo Ferrater en otra de sus conferencias, al hablar de Carles Riba:

> ahora, este fenómeno de ligazón de Riba con la tradición catalana es esencial, porque, justamente, Riba es lo contrario, en este sentido, de lo que se decía de Guerau de Liost. Les decía que Guerau de Liost es un gran poeta, pero que la historia de la literatura catalana sería igual sin él, porque Guerau de Liost está poco engranado en la dinámica de la literatura catalana. En cambio, Riba es absolutamente central. Y es central para la comprensión de Riba esto, este engranaje suyo en la dinámica de la historia catalana.[19]

En este pasaje el poeta y crítico español nos aclara inmensamente las cosas ya que establece dos criterios de excelencia de los autores: el primero no es otro que el de la calidad de su obra literaria; el otro viene determinado por la integración dentro del movimiento de la historia de la literatura, por la capacidad de poder ser una fuerza dinámica que haya podido hacer avanzar o evolucionar a una cultura. De esta forma, se nos dibuja un panorama concéntrico de la literatura en el que hay unos lugares "centrales" que son ocupados por aquellos autores u obras que —dejando de lado la calidad personal— son capaces de integrarse y armonizarse, de cuajar el núcleo de las obras

[19] Gabriel Ferrater, *La poesia de Carles Riba*, Barcelona, Edicions 62, 1979a, p. 16.

más importantes de esta literatura. Opuestos a estos autores nucleares se encuentran otros autores que ocupan una posición marginal en este orden, como puede comprobarse claramente: "dentro de la dinámica de la historia literaria, Guerau de Liost quedaba al margen".[20] Los autores y las obras ocuparán un lugar "central" o "marginal" en el mapa cambiando el canon de cada literatura, de acuerdo con una de estas variables —o con las dos. Guerau de Liost es un poeta de calidad pero no ocupa un lugar central en el canon literario catalán respecto a Carner y Riba —de calidad semejante, aunque quizá superior—, o bien respecto a López Picó —de inferior valor—; circunstancia paradójica que nos describe perfectamente Ferrater.

> Ahora bien: esto no tiene nada que ver con su talento como poeta, porque, por ejemplo, un poeta que, a través de Riba, [...] existe dentro de la dinámica histórica de la poesía catalana, es López Picó, que no vale absolutamente nada. Guerau de Liost es un poeta grande, dinámicamente marginal. López Picó está en el centro porque dio cierta idea de la poesía a Riba y, en parte, a Foix; y, sin embargo, López Picó es de un valor absolutamente nulo.[21]

Este lugar central de un poeta muy menor, como es López Picó, no lo adquiere gracias a la calidad de su obra —primer criterio a tener en cuenta para conseguir un lugar en el panorama literario—, sino por la importancia que ha podido tener para otros poetas, en este caso para dos poetas importantes en la tradición literaria contemporánea: Foix y, esencialmente, Riba (concretamente, Ferrater explica, en *La poesia de Carles Riba*, que este poeta catalán se encontró con la necesidad de sobrevalorar a López Picó, para así poder tener un referente literario firme que defendiera un concepto literario diferente del que proponían Maragall y Carner).[22] Un caso equiparable al de López Picó —aunque en un ámbito más general— es el de William Morris, del cual Ferrater, en uno de los artículos inéditos pertenecientes a la misma situación de producción de *Escritores en tres lenguas*, escribió lo siguiente: "Morris es figura central en la vida cultural y literaria, no ya inglesa sino europea, de su época, pero sus obras de creación, y en particular sus poemas, poseen menos interés estricto que importancia histórica."[23]

[20] *Ibid.*, "Guerau de Liost", en *Cartes a l'Helena*, p. 98.

[21] *Idem.*

[22] Gabriel Ferrater, *La poesia de Carles Riba*, p. 39.

[23] *Ibid.*, "William Morris" (inédito), p. 1.

Así, pues, parece que un autor que acceda al canon por la calidad de su obra lo hará por la capacidad que tenga ésta de ser reconocida por una comunidad de lectores influyentes, cuya opinión tenga repercusión directa en la formación del canon (escritores, profesores, miembros de instituciones…). No obstante, el acceso al canon por la capacidad de integrarse en la dinámica histórica en la literatura también estará sujeto a reconocimiento, pero no va a depender tanto de la obra de un autor como de la capacidad de ésta para conseguir seguidores, para crear "escuela" (un segundo criterio que debe ser validado por la comunidad literaria, básicamente de escritores). Un ejemplo de adquisición de canonicidad por el hecho de ser aceptada la obra de un autor, por la capacidad de haber recogido una tradición y haber influido a otros autores con una producción literaria de más calidad, lo encontramos en el ámbito particular de la literatura alemana, concretamente en la figura de Klabund, seudónimo de Alfred Henschke, un autor destacado por sus canciones de cabaret, aunque no del todo reconocido por su poesía.

> En ellas se manifiesta la influencia de Villon y de Heine, pero el antecedente inmediato es el de Wedekind, que a fines de siglo creó una versión alemana, más intencionada y ambiciosa que el original, del estilo de los *chansonniers* franceses. Dentro de la tradición así marcada, Klabund forma como una suerte de encrucijada de influencias: las que recibió, y sobre todo las que por su parte comunicó a otros escritores. Principalmente a dos, de valía superior a la suya, pero que deben ambos mucho a Klabund, siendo ellos en cierto modo quienes dibujan el puesto que éste ocupa en la historia de la poesía alemana. Uno de ellos es Gottfried Benn […]. El segundo es Bertold Brecht […]; Brecht debe a éste el impulso de interés por la poesía china, y concretamente el tema teatral del "círculo de tiza".[24]

Se podría decir que todo consiste en el hecho de que el autor esté integrado o no dentro de la tradición literaria a la que pertenece: cuanto más ligado esté a su historia literaria —tanto recibiendo influencias como transmitiéndolas— más central será el lugar que en ésta ocupará, como es el caso de Riba, frente a Guerau de Liost, que Ferrater refería anteriormente. Una vez más, el crítico español disocia perfectamente lo que es la valoración según la recepción tempo-

[24] *Ibid.*, "Klabund" (inédito), p. 1.

ral de un autor (y desde este punto de vista dice que Riba es autor de una poesía de calidad, como Guerau de Liost),[25] de lo que es el valor desde el punto de vista de una cultura literaria (por eso dice que sin este poeta la literatura catalana habría sido lo mismo).

Bien distinto es el juicio que le merece Riba, que es un gran poeta y ocupa un lugar central dentro del canon literario catalán por esta circunstancia, pero principalmente por su capacidad de asimilar y transmitir tradición: es una pieza central a la hora de conferir dinamismo, movimiento, al gran engranaje que es cualquier historia literaria. Desde esta perspectiva, no es raro que Ferrater haga ocupar un puesto central a Josep Pla dentro de la literatura catalana (lugar que parece que le negaba Riba, por el hecho de acogerse a una tradición narrativa distinta de la *novecentista*),[26] en primer lugar porque es un prosador auténtico —que no parte de un modelo poético, como lo haría Carner—, y luego porque veía en la obra del escritor de Palafrugell la capacidad de producir una auténtica tradición de prosa catalana, objetivo ciertamente difícil porque "la literatura catalana es una literatura de poetas".[27] Esto es lo que dice de la prosa de Pla y del porqué de su posición destacada dentro del canon catalán: "es aquello que hace que Pla ocupe un lugar central en la literatura catalana, que es este hecho en el cual he insistido tanto, que es el único prosador de calidad que es realmente prosador, que no deriva de la poesía de ninguna manera y que intenta crear una forma artística puramente a partir de la prosa".[28]

Se percibe claramente que el estatuto de centralidad dentro de una tradición, dentro del canon, es del todo variable y dependerá, como se ha visto, no tanto del valor de la obra de un autor, sino más bien de la suerte que corra posteriormente. Una fama póstuma que, en el caso de John Skelton, Ferrater juzga como "curiosa", antes de pasar a reconstruirla.

Como queda apuntado, al iniciarse con Sidney —cuyo *Colin Clout*, sin embargo, deriva de Skelton— la irrupción triunfal del italianismo en la poesía

[25] Gabriel Ferrater, "Guerau de Liost", en *Cartes a l'Helena*, p. 102.

[26] Véase el ensayo de Carles Riba, incluido en *Els Marges*, titulado "Entre dos dilettantismes" (1923).

[27] Gabriel Ferrater, "*La cultura del país i altres literatures. Conversa amb Gabriel Ferrater*, per Roberto Ruberto", en *Cartes a l'Helena*, p. 136.

[28] *Ibid.*, "Josep Pla", en *Conferències de literatura catalana*, p. 289.

inglesa, Skelton pareció quedar al margen de toda tradición. Nunca se olvidó sin embargo; Drayton y Ben Jonson ensayaron ocasionalmente el metro "skeltónico", y para la estrechez de Pope la presencia del viejo poeta era todavía bastante viva e irritante para que creyera necesario calificarle de "bestial" (en 1737). En el siglo pasado, Coleridge y Browning le leyeron y admiraron, Elisabeth Barrett Browning le dedicó un estudio ferviente en 1863. Es nuestro siglo, empero, el que, buscando ahondar por debajo de la prosodia romanizante que para el purismo inglés fijara Milton, y por otra parte capaz de simpatizar plenamente con su estilo imaginativo y su temple moral, ha devuelto a Skelton a su puesto central en la historia de la poesía inglesa y en su canon de excelencia. En particular, Robert Graves y W.H. Auden han proclamado con vigor la influencia de Skelton sobre su propia poesía.[29]

Ante este pasaje, que no es más que uno de los tantos que Ferrater redacta con un criterio similar en estos artículos, no puede quedar ninguna duda de que ya a principios de 1962 tenía una idea dinámica, móvil, del sistema literario de cada literatura, donde hay autores centrales y marginales que constituyen todos ellos el canon literario.

Al hacer el repaso diacrónico de la recepción de un autor —lo que llama "la historia de la fama póstuma"—[30] se ve perfectamente cómo la obra de Skelton pasa de la centralidad en el canon de obras de la literatura inglesa hacia puestos más marginales, a causa de los cambios en el gusto y la concepción del hecho literario —que el crítico catalán detalla magistralmente—, hasta volver a alcanzar en la contemporaneidad un lugar central dentro del sistema literario inglés, que Ferrater considera merecido.[31] De esta forma podemos ver que la formación del canon se compone, básicamente, de movimientos retrospectivos, de recuperación de obras o escritores marginales que en una época determinada pasan a ocupar el centro del canon por parte de agentes culturales —escritores, instituciones, críticos...— que configuran la tradición literaria de su presente y

[29] *Ibid.*, "John Skelton", en *Escritores en tres lenguas*, p. 287.

[30] *Idem.*

[31] Cabe tener en cuenta que la poesía de John Skelton fue importante, a su vez, para la producción lírica del mismo Ferrater, puesto que una de las piezas más importantes del autor inglés sirvió de modelo al poeta catalán para palimpsestar la imagen poética del gavilán en el poema homónimo ("Esparver"), como he tenido ocasión de comentar en "Palimpsestar la tradició" (cf. Jordi Julià, *El poeta sense qualitats*, Tarragona, Edicions El Mèdol, 2004, pp. 79 ss.).

que podrán determinar la del futuro. Uno de estos agentes culturales fue por ejemplo Stendhal cuando recuperó del olvido *Les liaisons dangereuses*, de Choderlos de Laclos, y ésta pasó de un lugar marginal a convertirse en una de las obras que, desde entonces, no ha dejado de ocupar una posición central en el sistema literario occidental: "sirvió Laclos en el ejército del Rhin, y luego en Italia. En un teatro italiano le vio fugazmente el hombre que mejor había de servir a su gloria póstuma: el entonces alférez Beyle, el Stendhal por cuya intermisión se incorporaron *Les liaisons dangereuses* a la tradición central de la novela francesa."[32]

Los escritos del poeta y crítico de Reus evidencian una concepción de cambio dinámico de toda historia de la literatura, es decir, de toda tradición, que no se modificará a lo largo de los años sesenta —y hay que suponer que tampoco posteriormente, ya que es una idea asumida por su sistema de pensamiento—, y que presenta muchos puntos de contacto con el planteamiento de dinamismo dialéctico del último formalismo ruso de Victor Shlovski o de Iuri Tinianov, cuyos escritos seguramente no conocía al redactar *Escritores en tres lenguas*, pero sí en 1966. De hecho, se ha conservado el documento donde queda constancia de que el crítico hispánico conocía la antología de textos del formalismo ruso confeccionada por Todorov en 1965: el crítico catalán mandó una carta a Jakobson, en mayo de 1966, donde le pedía los originales rusos para poder realizar la traducción de la edición de Todorov, y ser mucho más fiel a las obras originales.[33] Así, al consultar un artículo de 1927 de Tinianov, "Sobre la evolución literaria", puede verse cómo se explica, de manera semejante a como lo hacía Ferrater a propósito de Skelton, el funcionamiento de la evolución literaria.

Si admitimos que la evolución es un cambio de relación entre los términos del sistema, o sea un cambio de funciones y de elementos formales, ella se presenta como una "sustitución" de sistemas. Estas sustituciones observan según las épocas un ritmo lento o brusco y no suponen una renovación y un

[32] Gabriel Ferrater, "Pierre Choderlos de Laclos", en *Escritores en tres lenguas*, p. 105.

[33] *Ibid.*, "Carta a Roman Jakobson", en *Papers, cartes, paraules*, Barcelona, Quaderns Crema, 1986, p. 407. Para más información remito al capítulo "La crítica ferrateriana i els mètodes crítics del segle XX", que he dedicado a la relación y recepción de la crítica de Gabriel Ferrater respecto a las diferentes teorías literarias de la contemporaneidad (cf. Jordi Julià, *La crítica de Gabriel Ferrater*, Lleida, Pagès Editors, 2004a, pp. 65 ss.).

remplazo repentino y total de los elementos formales, sino la creación de *una nueva función de dichos elementos* [...]. El problema se complica porque cada corriente literaria busca durante algún tiempo puntos de apoyo en los sistemas precedentes: eso es lo que podríamos llamar "tradicionalismo".[34]

Esta concepción dinámica de la historia literaria condicionará los criterios de valoración, porque va a mostrar que la gloria literaria no es una característica propia, intrínseca, de un autor o una obra, sino que le será atribuida o no por las distintas épocas y por sus diferentes ideas de literatura. Esta misma idea fue expresada en el artículo de Tinianov ya citado, al indicar el autor ruso que "lo que es 'hecho literario' para una época, será un fenómeno lingüístico dependiente de la vida social para otra y viceversa, según el sistema literario con referencia al cual se sitúa este hecho".[35] De esta forma, en la medida en que varía el concepto de literatura que posee una sociedad y una época, también se modificará la imaginación moral de los autores, la imaginación literaria, y en último término la producción artística global; las nuevas obras fundarán una nueva tradición sustentada o construida a imagen de otra tradición u otras obras anteriores ya clásicas, o no —en este sentido, si no lo fueran pasarían a serlo, ya que ocuparían un lugar central en el nuevo canon que habría formado la nueva idea de literatura.

Ferrater hace patente esta variación temporal de la valoración que se tiene de un autor o autores determinados mediante los ejemplos de Valéry y Mallarmé, ya que, una vez desaparecido el influjo que sus poéticas ejercieron sobre un grupo de poetas europeos que siguieron su magisterio, su lugar en el canon occidental retrocedió hacia posiciones más marginales.

Pero aquí hay un complejo de fenómenos muy curioso. Para empezar diré francamente que Mallarmé y Valéry fascinaron a la Francia literaria y a toda la Europa literaria en los años veinte y tantos, sobre todo en el caso de Valéry, y, realmente, hacia el año 30 [...]. No es necesario ponerlo como condicional: cada vez que se hacía una encuesta [...] preguntando quiénes eran los grandes poetas, etc., Valéry salía siempre con el número 5. Hoy en día, si hiciésemos esta encuesta, probablemente Valéry no saldría ni el número 10.

[34] Iuri Tinianov, "Sobre la evolución literaria" (1927), en Tzvetan Todorov (ed.), *Teoría de la literatura de los formalistas rusos*, México, Siglo XXI, 2002 (1965), p. 101.

[35] *Ibid.*, p. 92.

Ciertamente, yo no lo pondría ni en el número 40 de los poetas del siglo XX. El caso de Mallarmé es mucho más complejo, porque para mí es mucho más rico que Valéry y, sobre todo, es más creador.[36]

Por medio de este pasaje podemos ver cómo el crítico catalán era suficientemente consciente de que las generaciones literarias —para usar un término marcadamente orteguiano— tienen una gran influencia en la manera de configurar el canon de una literatura, porque la formación de éste se encuentra estrechamente condicionada por los agentes culturales de una época concreta. Se sabe que cada obra es la expresión estilizada de una imaginación artística, tan característica como el lenguaje que utiliza para traducirla lingüísticamente —en el caso de la literatura. Cada autor y cada obra están concebidos por una imaginación y un lenguaje determinado, y su éxito —es decir, la adquisición de un lugar central en el canon— es debido a la capacidad de compartir esta imaginación y este lenguaje con la comunidad interpretativa de un periodo temporal preciso: de aquí que se conciba la historia literaria dinámicamente, sujeta a cambio, según la cambiante imaginación moral de cada periodo histórico. Ferrater, que tenía cuarenta y tres años cuando pronunciaba estas "Conferencias de literatura catalana", doblaba la edad de sus alumnos, y en esos veinte años se habían producido muchos cambios en la historia de la literatura —y hay que creer que también en el canon literario—, ya que los lectores de los años sesenta no estaban imaginativamente preparados para entender la "poesía pura" de los años veinte o el surrealismo: "el galimatías de André Breton y de toda aquella gente, es decir que es un galimatías que yo soy capaz de descifrar porque, por así decirlo, he pasado mi adolescencia leyéndolo, pero que, como ha pasado de moda, les tendré que servir acompañado de algunos comentarios".[37] El crítico español es capaz de entender cualquier poema surrealista, puesto que está acostumbrado a esta forma de imaginar, y a los recursos retóricos que suelen utilizarse en este tipo de poesía porque cuando era joven los leyó y hasta "hacía poemas surrealistas en francés",[38] pero esto no significa que con más de cuarenta años le siga gustando este tipo de literatura, bien al contrario,

[36] Gabriel Ferrater, *La poesia de Carles Riba*, p. 61.

[37] *Ibid.*, *Foix i el seu temps*, Barcelona, Quaderns Crema, 1987, p. 49.

[38] *Ibid.*, "*Gabriel Ferrater, 'In Memoriam'*, per Baltasar Porcel", en *Papers, cartes, paraules*, p. 526.

el único surrealismo que le interesaba era el de Foix, porque era una forma más alta de realismo.

Este movimiento de rechazo respecto a aquello que valoraba siendo joven es la explicación que Ferrater da para entender las oscilaciones en el gusto que se producen entre las diferentes generaciones literarias, que hacen variar el canon literario una vez que han alcanzado determinada capacidad de influencia social y cultural.

> Esto sucede muy a menudo, lo pueden observar en toda la historia de los movimientos literarios, que cuando un escritor llega a los sesenta o setenta años y se muere, generalmente hay un movimiento de repulsión contra él (ahora está ocurriendo, por ejemplo, con Hemingway). Ahora bien: las razones de esto son muy fáciles de ver; consisten, simplemente, en el hecho de que la generación que, cuando el escritor famoso tiene setenta años, manda y se mueve son la gente que tienen cuarenta, que son la gente que, cuando tenían veinte, estaban fascinados por este escritor y luego, veinte años después, a uno le da una especie de repulsión la propia fascinación de los veinte años.[39]

Éste es el único momento en que Ferrater hace explícito el funcionamiento —la dinámica de fascinación y rechazo— de esta "selección natural" que se produce entre las distintas generaciones que se suceden cronológicamente. Incluso es capaz de formular, desde su propia experiencia, el cambio de gusto estético que se produce en todo lector, y que es especialmente significativo en el caso de los escritores; concretamente, al empezar a hablar de *La poesia de Carles Riba*, y de su difícil relación madura con este tipo de lírica postsimbolista, cuenta que "de los dieciséis hasta quizá los veinticinco años, realmente, yo me sabía toda la poesía de Riba absolutamente de memoria y la releía como un breviario".[40]

No obstante, no es el único pasaje en el que el crítico catalán había explicado el funcionamiento de la sociedad literaria, ya que en el artículo de *Escritores en tres lenguas* dedicado a André Gide se siente tentado de exponer el funcionamiento de la bien estructurada sociedad literaria francesa en que se deja percibir perfectamente este movimiento de atracción y repulsión hacia una tradición literaria, o hacia un autor determinado. Esto, precisamente, es lo que dice de la

[39] Gabriel Ferrater, *La poesia de Carles Riba*, pp. 9-10.
[40] *Ibid.*, p. 9.

relación entre Barrès y Gide, que por su interés no quisiera abstenerme de copiarlo *in extenso*:

la relación con Barrès merece una mención especial, ya que implica un punto de historia literaria, o mejor dicho de historia de la sociedad literaria francesa, que todavía nadie expone francamente. Gide leyó *Un homme libre* en 1889 y se entusiasmó; conoció dos años más tarde a Barrès, y la relación entre ambos fue cordial pero recelosa. Luego, ambos cambiaron, y cuando en 1897 Barrès publicó *Les Déracinés*, Gide se creyó, sin duda con razón, compelido a oponerse a la disparatada tesis de aquella magistral novela. Hasta aquí los hechos limpios. Pero por debajo discurren corrientes turbias, aunque algo cómicas. El caso es que la sociedad literaria francesa, organizada como ninguna en el mundo, parece necesitar que alguien ocupe un cargo ideal: el de ídolo de la juventud, de "maestro" no sólo formal, sino casi confesional, sobre el cual cada joven escritor escribe un libro o por lo menos un artículo, y que parece inventar las formas de emotividad propias de la época. De 1895 hasta 1910, el cargo lo ocupó Barrès; de 1920 hasta 1935, Gide; de 1945 hasta ahora, Sartre. Pero lo que el mundillo literario francés oculta con cuidado, es que los traspasos de poderes no se producen en forma pacífica, sino por destitución violenta; y que a partir del momento en que, según veremos, dispuso de una revista, Gide guió contra Barrès una campaña tan subrepticia y tenaz como la que luego Sartre ha guiado contra Gide (también con una revista), y como la que Barrès había guiado contra Taine y Renan. Si este punto, en apariencia mínimo, merece ser destacado en una presentación de Gide, es porque la influencia de Barrès sobre Gide fue muy grande, y en particular porque de Barrès deriva la forma de "ironía" con que Gide reaccionó contra el "húmedo" sentimentalismo de los *Cahiers*: del Barrès de *Huit Jours chez Mr. Renan* procede el estilo burlón de *Paludes* (1895), la primera obra lograda y original de Gide.[41]

En este artículo de Gide Ferrater exponía por primera vez[42] la relación de rechazo que los escritores franceses de principio de siglo experimentaron hacia Barrès, quien, en un primer momento, los había influido. Esta reacción —que Ferrater llama "parricida"— y que se detecta, por extensión, en todas las sociedades literarias, es muy

[41] Gabriel Ferrater, "André Gide", en *Escritores en tres lenguas*, pp. 82-83.

[42] Esta misma idea sería expuesta pocos años después por el mismo autor al hablar de la poesía de J.V. Foix (cf. Gabriel Ferrater, *Foix i el seu temps*, p. 44).

similar al fenómeno individual que Harold Bloom llamaba "matar al querubín protector", en *The anxiety of influence* (1973). Así pues, ningún otro ejemplo como el de Barrès puede mostrar más claramente la conciencia que tenía Ferrater de la concepción cambiante del canon de una historia literaria, y de que, posiblemente, no es pertinente hablar de un solo canon universal, sino de un canon para cada generación literaria o cada poética, ya que cada una defiende una determinada idea de la literatura y, por lo tanto, se aferra a una rama determinada de la tradición. Idea parecida a la que expondría al cabo de los años José-Carlos Mainer para el ámbito de la literatura española contemporánea, al indicar que "la periodización al uso demuestra las huellas dominantes de un canon basado en el principio de clasificación generacional".[43]

El planteamiento que los escritos críticos ferraterianos parecen defender es exactamente el mismo que exponía Iuri Tinianov, y se parece extraordinariamente a la idea de "cánones" que, al cabo de los años, acabaría defendiendo José María Pozuelo Yvancos, en su "Teoría del canon", estudio que constituye la primera parte del volumen escrito conjuntamente con Rosa María Aradra Sánchez, *Teoría del canon y literatura española.*

Para mí este punto de vista es extensivo a la cuestión del canon y es el que propongo: entender que toda consideración sobre un esquema canónico lo es en momentos socio-históricos concretos y en contextos determinados: se configuraría así una teoría de los cánones, en plural, que han actuado en diferentes etapas de la formación del concepto mismo de literatura y de su propia evolución. Las hipótesis en torno a la constitución de tales cánones pueden tener un valor más general, en cuanto series repetidas de fenómenos que pueden darse iguales en diferentes contextos, pero la propia idea de canon exige la consideración particular e histórica de su descripción en la medida en que el concepto de valor que los soporta es un punto de vista que interviene en la propia constitución del objeto canónico y es superior a él.[44]

[43] José-Carlos Mainer, "Sobre el canon de la literatura española del siglo XX", en Enric Sullà (ed.), *El canon literario*, Madrid, Arco Libros, 1998, pp. 275-276.

[44] José M. Pozuelo Yvancos, "Teoría del canon", en José M. Pozuelo Yvancos y Rosa María Aradra Sánchez, *Teoría del canon y literatura española*, Madrid, Cátedra, 2000, p. 82. Para quien esté interesado en la opinión del teórico español es de obligada lectura un estudio anterior que sirvió de base del ensayo citado (cf. J.M. Pozuelo Yvancos, *El canon en la teoría literaria contemporánea*, Valencia, Episteme, 1995, p. 22).

Es, pues, interesante tener en cuenta que este concepto de canon, o cánones, variable según los sistemas valorativos de una sociedad determinada, que expone el teórico español, coincide con el punto de vista que se desprende de los escritos ferraterianos. Se podría creer que la coincidencia puede tener un mismo origen, ya que Pozuelo parte de las teorías de los formalistas rusos, del estructuralismo checo, y especialmente de la escuela de Tartu, y Ferrater pudo leer la antología de Tzvetan Todorov en 1965 y el libro de Victor Erlich. Sin duda, de Tinianov provienen términos como "central", "marginal" o "dinamismo histórico", usados a lo largo de las *Conferencias de literatura catalana*, pero antes de poseer la terminología adecuada, Ferrater ya había detectado el funcionamiento de las generaciones literarias, y cómo éstas se van sustituyendo —y a su vez también el sistema de valores imperantes—, con lo cual será lógico que se imponga otra selección literaria.

Sin embargo, fue en 1953, antes de todo conocimiento serio del formalismo ruso, cuando Ferrater —en el artículo teórico titulado "Sobre la posibilidad de una crítica de arte"— habló de la diferencia que existía entre el crítico y el *connaisseur*. Este último era el crítico de periódico, a quien se atribuía la tarea de hablar de valores, de determinar la calidad de la obra de arte; una labor que no podía ejercer el crítico de arte porque la crítica tenía que aspirar a ser científica, y los valores artísticos, precisamente, son acientíficos, temporales, y fruto de la intuición. Pero conviene fijarse en la segunda de las características: "la objetividad del juicio de valor se da exclusivamente en relación al presente",[45] es decir, que la validez de sus juicios literarios, y de los valores que los sustentan, "consiste en su adecuación al presente: en su sinceridad".[46] Esta temporalidad del juicio de valor, el hecho de que funde su objetividad sobre la base de que es sincero con respecto a los valores de su tiempo, es lo que llevaría a concebir una imagen cambiante a la historia del arte —sea cual fuere—, y a hablar de cánones literarios determinados históricamente, tal y como se desprendía de los textos de Ferrater y de las palabras de Pozuelo Yvancos. En este mismo ensayo de 1953, el crítico catalán sigue desarrollando esta especial teoría del valor y da

[45] Gabriel Ferrater, "Sobre la posibilidad de una crítica de arte" (1953), en *Sobre pintura*, Barcelona, Seix Barral, 1981, p. 104.

[46] *Ibid.*, p. 105.

la vuelta al planteamiento, defendiendo que los juicios críticos, por su naturalidad temporal, pueden llegar a ser ahistóricos:

> el juicio de calidad, orientado exclusivamente hacia el presente, es ahistórico. En cierto modo nos encontramos ante una paradoja: cuanto más condicionado históricamente es un acto humano, tanto menos posee significación histórica propia. Cualquier aprendiz de historiador se entregará alegremente a la tarea de explicarnos cómo se ha realizado el paso desde el gesto displicente con que Velázquez declaraba que Rafael *non gli piaceva niente*, al fervor con que Ingres aseguraba ser Rafael de naturaleza divina. Ahora bien: ninguno de ambos juicios nos remite al otro, y no hay modo de componer con ambos una unidad significativa. Las dos proposiciones se contradicen llanamente, y no es posible insertarlas ambas en un proceso discursivo. Las teorías de la luz de Huygens, de Fresnel y del duque de Broglie son muy distintas, pero cualquiera de ellas apoya su significación en las otras; el paso de una a otra teoría se ha realizado aplicando un método de raciocinio fundamentalmente uniforme, y este método se hallaba implicado en cualquiera de las tres teorías. En este sentido, una teoría científica nos remite, intrínsecamente, a la teoría que habrá de desplazarla. Pero no existe ningún método concebible que haya de llevarnos de la proposición: "Rafael es un buen pintor", a: "Rafael es un mal pintor". El juicio de calidad se repliega en sí mismo, y no implica más que a sí mismo. Es acomunicativo y anticientífico. La historia podrá amalgamar en una sucesión temporal, y en una sucesión *justificada*, a los distintos juicios de valor; pero conviene que el historiador no pierda nunca la conciencia de que su unificación no respeta la autonomía de cada juicio, y que la unidad le es impuesta desde fuera.[47]

Si no se traiciona el sentido de este texto, y se equipara el concepto de juicio de valor (acto concreto de calificación, si se quiere, determinado temporalmente) al de canon (elección cualitativa particular, efectuada en un momento determinado), se puede decir que el crítico catalán, en 1953, estaba defendiendo lo mismo que en 1995 expondría lúcidamente Pozuelo Yvancos: el juicio de valor, o el canon, tiene que ser justificado por la sinceridad, que es la capacidad de ser coherente con los valores de una época determinada, de aquí que sea inapropiado hablar de canon intemporal, a menos que éste sea —recordémoslo— "una teoría de los cánones, en plural, que han actuado

[47] *Ibid.*, pp. 106-107.

en diferentes etapas de la formación del concepto mismo de literatura y de su propia evolución" —tal y como defendió el teórico español. Ferrater sostenía que esta unificación puede ser impuesta desde fuera, siempre y cuando se tenga conciencia de esta manipulación por parte del historiador o el teórico, ya que no respeta la autonomía ni la coherencia temporal de cada juicio de valor. Un pasaje del mismo ensayo de Pozuelo Yvancos parece que viene a completar y a justificar las palabras del crítico catalán, al advertir de los peligros que conlleva suprimir el aspecto temporal de los juicios de valor, que son la base de los cánones literarios.

> En la medida en que las normas están cargadas de valor y en la medida en que el canon constituye en sí mismo un concepto normativo no podemos abstraer de su descripción el punto de vista valorativo que los instituye, y ese punto de vista es histórico por necesidad y pertenece al propio objeto de la búsqueda, salvo para lectores y críticos que ingenuamente, en la recuperación de un idealismo *naïf* se proponen a sí mismos más allá de la Historia.[48]

A la luz de los numerosos ejemplos aportados anteriormente, creo que no se puede dudar del extraordinario conocimiento que Ferrater poseía de la dinámica de la historia literaria, y de los juicios de valor, base de las normas literarias formadoras de cánones. De igual forma creo que tampoco pueden considerarse caducas ni superadas las ideas ferraterianas sobre el canon o la teoría "perspectivista" —para utilizar un término orteguiano— del valor, tal y como los numerosos ejemplos citados han puesto de manifiesto. Por lo que muestran estos textos de crítica de Ferrater, el autor de Reus no cree que se pueda hablar de un concepto estático de canon, sino que éste se encuentra continuamente en cambio, y que, por lo tanto, la consideración central o marginal que se tenga de un autor dependerá de la influencia que éste haya recogido y provocado en una misma tradición literaria, y en la virtud que haya tenido para crear una obra que haya conectado con la imaginación moral e histórica de su época. De esta forma, sólo se puede estudiar el canon desde un punto de vista determinado —por lo que a los valores literarios se refiere— y en su concreción temporal, como fenómeno estático, ya que su dinamismo interno no permite concebirlo en toda su complejidad. Tengamos en cuenta,

[48] José M. Pozuelo Yvancos, "Teoría del canon", *op. cit.*, p. 82.

pues, que cuando Ferrater explica cuáles son los principales pintores catalanes de este siglo, en "De la pintura catalana actual" (1952), está construyendo un canon de la pintura catalana contemporánea en 1952, y desde una idea muy concreta de lo que es la pintura; de suerte que Joaquim Sunyer, Jaume Mercadé, Miquel Villà formaban la tradición, mientras que los jóvenes eran Ramon Rogent, Jordi Mercadé, Albert Ráfols Casamada, José M. de Martín, J. García-Llort y Maria Girona.

De igual forma, al decidir los autores de quienes hablará en las "Conferencias de literatura catalana" lleva a cabo una elección —seguramente no la más lógica o esperable en los años sesenta— de los principales poetas y narradores catalanes de este siglo, y por ello acaba tratando la poesía de Carner —esencialmente su poema narrativo titulado *Nabí*—, Riba, Guerau de Liost y Foix (finalmente decide no comentar la poesía de Pere Quart por falta de tiempo, un sacrificio que habla de la valoración que merecía para Ferrater con respecto a los otros). En lo referente a la prosa solamente destaca *La parada* de Joaquim Ruyra, *Solitud* de Caterina Albert y la narrativa de Josep Pla. Sin duda, ésta es una elección, un canon de la literatura catalana contemporánea, sólo justificable si se refiere a la idea literaria de Ferrater, y al hecho de que se realice a mediados de los años sesenta. En otro reciente volumen, *El poeta sense qualitats* (2004), he tenido la oportunidad de dedicar un estudio completo y detallado de *Escritores en tres lenguas* —y del resto de artículos aún inéditos—, y he podido demostrar que detrás de la selección de autores y obras que hace el poeta y crítico catalán se esconde una idea bien perfilada del canon y de la tradición literaria occidental —concretamente de tres historias literarias: la alemana, la francesa y la inglesa— que solamente es posible gracias al gran conocimiento teórico de la dinámica de la fama literaria.[49] Una exacta noción de la tradición literaria, por lo tanto, que exhala una idea aún más clara del valor literario.

[49] Véase Jordi Julià, "Cànon i idees literàries", en *El poeta sense qualitats*, Tarragona, Edicions El Mèdol, 2004, pp. 51-78.

8. HACIA LA CRÍTICA DE LA AUTOCONSCIENCIA
(Breve panorama de la crítica literaria del cambio de siglo)

> Sin embargo, hoy como ayer la misión de los ojos —los ojos de la cara y los del espíritu— es ver. Mas como toda visión requiere distancia, lo verdaderamente difícil no es distinguir lo que viene hacia nosotros o aquello que de nosotros se aleja, sino precisamente lo que se nos echa encima y nos envuelve. El gran problema de la crítica es siempre el análisis de lo presente y de lo cercano.
>
> ANTONIO MACHADO
> *Proyecto de un discurso de ingreso*
> *en la Academia de la Lengua*

Con el paso del tiempo, los estudiosos de la literatura considerarán el siglo XX como la centuria en que terminó el mundo moderno, y a finales de la cual nació la posmodernidad y se dictaminó el final de la historia. En los últimos cien años, la teoría de la literatura, la ciencia que trata de encontrar y describir las propiedades del fenómeno literario, ha mostrado la literatura desde ámbitos diferentes, incluso contrapuestos, pero siempre respondiendo a la pregunta ¿qué es literatura? De acuerdo con esta pregunta, la mayoría de las escuelas críticas del siglo XX (y también del siglo anterior) han construido un canon de las obras literarias que debían ser recordadas y estudiadas, y han ensayado distintas respuestas, pero siempre con un rasgo común: creer que podían encontrar la literaridad en el estudio del texto literario. De ahí que más de una vez se haya visto el novecientos como la centuria del texto. Pero en los últimos treinta años el mundo de las letras ha experimentado un claro cambio de "paradigma", una nueva manera de ver y definir la literatura.

Desde que a finales del siglo XVIII el romanticismo rompió con todos los presupuestos de la Ilustración, y con la idea de una belleza clásica tradicional, describible objetivamente, el mundo moderno ha ido en busca de una respuesta a las mismas viejas preguntas: ¿qué es la belleza?, ¿qué es la literatura? A lo largo del siglo XIX se había puesto énfasis en el autor y el contexto de producción, pero el nuevo siglo tenía que reaccionar contra aquella crítica académica positivista que tan poco se fijaba en la obra literaria, y por este motivo hubo un intento de buscar la especificidad de la literatura en la peculiar construcción verbal de los textos. Primero fue el formalismo ruso que creyó que el lenguaje literario era distinto del usual, y que esto producía un "extrañamiento" (*ostranenie*) en el lector, que le hacía entender aquello que leía como literatura. En el ámbito angloamericano el *new criticism* propuso una lectura cerrada y cercana (*close reading*), centrada en la descripción del texto como una obra de ficción que no reflejaba la realidad ni la personalidad de su autor, con un significado autónomo y coherente. La Europa occidental también vio cómo nacía a principios de siglo la Estilística, que concebía todo texto literario como la marca del "estilo" propio de un autor, quien dejaba traslucir su personalidad por medio de determinadas estructuras lingüísticas o genéricas. En los años cincuenta y setenta, el estructuralismo francés llevó hasta los últimos extremos las ideas formalistas, y confió en que la ciencia de la lingüística podría definir qué era la literatura, mediante la descripción de una gramática, es decir, de unas leyes y estructuras que se podían encontrar en todo texto y que sustentaban su cohesión interna: la literatura era una "función poética" del lenguaje habitual.

Pero a finales de los años sesenta y principios de los setenta se empezó a discutir esta fe en el texto, y fueron varias las voces que, desde marcos teóricos distintos, discutieron la objetividad de esta definición lingüística de la literatura. La deconstrucción negó la existencia de unas estructuras subyacentes en las obras literarias, porque sólo podían ser construcciones de los lectores: el lenguaje no nos permite descubrir el mundo, ya que siempre necesitamos más lenguaje para entender el lenguaje (el significado siempre se nos escapa, se *difiere*, como expuso Derrida). Roland Barthes, en 1968, dictaminó la "muerte del autor", por lo tanto se abría el texto a diferentes interpretaciones. Inmediatamente se impulsó la Semiótica, que entendía la literatura como la comunicación de un texto, que emitía un autor y que al cabo del tiempo retomaba un lector, quien tenía la responsabilidad de construir el texto como un signo de signos, de darle significado, pero partiendo de un código y de un contexto (sin duda distintos a los utilizados por el escritor). La Estética de la recepción nos mostró que las obras no tienen un significado completo, sino que cualquier texto necesita de un lector que lea e interprete el significado, llenando los "vacíos" y ambigüedades que hay en toda obra. Cualquier lector leerá desde sus conocimientos históricos y culturales, desde su propio "horizonte de expectativas", y desde su "comunidad interpretativa" —como defendieron Hans-Robert Jauss y Stanley Fish, respectivamente.

En los años ochenta se multiplicaron las discusiones sobre la existencia de un único canon literario, dado que diferentes puntos de vista teóricos (la crítica poscolonial, feminista, gay, lesbiana, etc.), representados por grupos sociales o minorías sexuales y raciales, reivindicaron su derecho a construir el objeto literario a través de sus interpretaciones, y propusieron una nueva explicación de la literatura, al hacer presente que toda interpretación es una construcción ideológica de la realidad. En los últimos años del siglo, mientras Hayden White definía la historia como un discurso con veracidad retórica y textual, se fundaba el *new historicism*, que pretendía volver a interpretar obras de la tradición literaria, pero entendiendo que formaban parte de un discurso histórico no objetivo, sino susceptible de ser construido ideológicamente. Esta escuela crítica recibe claras influencias del marxismo o, más concretamente, de los Estudios Culturales que en el último tercio del siglo XX han dejado de estudiar sólo textos canónicos para fijarse en discursos culturales: la literatura popular o de consumo, la publicidad, el cine, la música pop, etc., y en cómo todo texto es susceptible de contener una ideología, que es construida discursivamente.

Esta nueva forma de entender y explicar la literatura que se empieza a dar a partir de los años setenta prefigura un cambio en aquella pregunta que la modernidad planteaba. A partir de entonces ya no nos podemos preguntar qué es la literatura: no hay más remedio que preguntarnos: ¿cuándo hay literatura? La crítica posmoderna y las teorías postestructuralistas lanzan una nueva mirada escrutadora y constructora sobre el objeto literario, sin la cual sería imposible concebir la realidad, porque ésta depende mucho de cómo la construimos discursivamente, de cómo somos, de dónde venimos, y qué pretendemos. La teoría literaria del siglo XXI (centrada en cómo los lectores y las lectoras conciben la obra literaria) tiene que ser una crítica más autoconsciente de quiénes somos, de por qué la definimos como la definimos, de qué hacemos cuando leemos literatura: de por qué una frase llega a significar lo que creemos que quiere decir y esto puede ser distinto de lo que creen nuestros vecinos. Ya no podemos escudarnos en el autoritarismo de la única y auténtica definición de una obra, ya no existe la verdad singular y excluyente: sólo hay verdades coherentes con el texto literario e ideológicamente responsables.

> Todo crítico, ay, es el triste final de algo que empezó como sabor, como delicia de morder y mascar.
>
> JULIO CORTÁZAR
> *El perseguidor*

BIBLIOGRAFÍA

Abrams, M.H. (1941), *A glossary of literary terms*, Fort Worth, Hartcourt Brace College Publishers, 1993.

____(1953), *El espejo y la lámpara. Teoría romántica y tradición crítica*, Barcelona, Barral Editores ("Breve Biblioteca de Respuesta", 131), 1975.

Abrams, M.H. (ed.) (1962/1993), *The Norton anthology of English literature*, Nueva York y Londres, W.W. Norton, 1993, vol. 2.

Adorno, Theodor W. (1974), *Notas de literatura*, Madrid, Akal Ediciones ("Básica de bolsillo", 73), 2003.

Apollinaire, Guillaume (1956), *Poèmes*, París, Gallimard ("Le Livre de Poche"), 1956.

Arnaldo, Javier (ed.) (1987), *Fragmentos para una teoría romántica del arte*, Madrid, Tecnos ("Metrópolis"), 1994.

Arnold, Matthew (1950), *Poesía y poetas ingleses*, Buenos Aires, Espasa-Calpe ("Austral", 989), 1950.

____(1962/1993), *The function of criticism at the present time* (1865) en M.H. Abrams (ed.) (1962/1993), *The Norton anthology of English literature*, Nueva York y Londres, W.W. Norton, 1993, vol. 2.

Auden, W.H. (1948/1962), *The dyer's hand & others essays*, Londres, Faber & Faber, 1963.

____(1974), *La mano del teñidor y otros ensayos*, Barcelona, Barral Editores, 1974.

____(1976), *Collected poems*, Londres, Faber & Faber, 1991.

Bajtín, Mijail (1982), *Estética de la creación verbal*, México, Siglo XXI, 1999.

Ballart, Pere (1994), *Eironeia. La figuración irónica en el discurso literario*, Barcelona, Sirmio, 1994.

____(1998), *El contorn del poema*, Barcelona, Quaderns Crema, 1998 [Versión traducida y ampliada: *El contorno del poema*, Barcelona, Sirmio, 2004].

Barral, Carlos (1993), *Los diarios 1957-1989* (ed. C. Riera), Madrid, Anaya y Mario Muchnik, 1993.

Barthes, Roland (1964), *Ensayos críticos*, Barcelona, Seix Barral, 1983.

____(1969), *Crítica i veritat*, Barcelona, Llibres de Sinera, 1969 [*Crítica y verdad*, México, Siglo XXI, 1971].

Baudelaire, Charles (1976), *El salón de 1846*, Valencia, Fernando Torres-Editor ("Interdisciplinar", 14), 1976.

____(1980), *Œuvres complètes*, París, Éditions Robert Laffont, 1996.

____(1988), *La flores del mal* (trad. M. Neila), Madrid, Ediciones Júcar ("Los poetas-Serie Mayor", 12), 1988.

Benn, Gottfried (1999), *El yo moderno*, Valencia, Editorial Pre-Textos ("Textos y pretextos", 413), 1999, p. 185.

Bloom, Harold (1973), *The anxiety of influence. A theory of poetry*, Nueva York, Oxford University Press.

____(1994), *El canon occidental*, Barcelona, Anagrama ("Argumentos"), 1995.

Bofill, Ricardo (1989), *Espacio y vida*, Barcelona, Tusquets Editores, 1990.

Borges, Jorge Luis (1960), *Otras inquisiciones*, Madrid, Alianza, Editorial ("El libro de bolsillo", 604), 1960.

____(1977), *Obra poética (1923-1977)*, Madrid-Buenos Aires, Alianza Editorial-Emecé Editores, 1981.

____(1986), *La escritura del dios* en *Ficciones. El Aleph. El informe de Brodie*, Caracas, Biblioteca Ayacucho, 1986.

Bou, Enric (1998), "Cànon i canó: perspectives sobre literatura catalana i castellana" en Jaume Pont & Josep M. Sala-Valldaura (1998), *Cànon literari: ordre i subversió. Actes del col·loqui internacional*, Lleida, Institut d'Estudis Ilerdencs, 1998.

____(2001), "Els termes d'una confabulació: Gil de Biedma i Ferrater", en Dolors Oller y Jaume Subirana (eds.) (2001), *Gabriel Ferrater, "in memoriam"*, Barcelona, Proa, 2001.

Calvino, Italo (1992), *¿Por qué leer los clásicos?*, Barcelona, Tusquets, 1992.

Carner, Josep (1957), *Poesia*, Barcelona, Quaderns Crema, 1992.

____(1986), *El reialme de la poesia* (eds. N. Nardi e I. Pelegrí), Barcelona, Edicions 62, 1986.

Caudwell, Christopher (1937), *Illusion and reality. A study of the sources of poetry*, Londres, Lawrence & Wishart, 1946.

Cernuda, Luis (1936/1964), *La realidad y el deseo (1924-1962)*, México, Fondo de Cultura Económica, 1998.

____(1975), *Prosa completa* (D. Harris y L. Maristany, eds.), Barcelona, Barral Editores ("Bib. Crítica"), 1975.

Chaucer, Geoffrey (1989), *Troilus and Criseyde* en *The Riverside Chaucer* (Larry D. Benson, ed.), Oxford, Oxford U.P., 1989.

Childers, Joseph y Gary Hentzi (eds.) (1995), *The Columbia dictionary of modern literary and cultural criticism*, Nueva York, Columbia U.P., 1995, p. 37.

Cohen, J.M. (1959/1966), *Poesía de nuestro tiempo*, México, Fondo de Cultura Económica ("Breviarios", 171), 1966.

Coleridge, S.T. (1912), *Poetical works* (ed. E.H. Coleridge), Londres-Oxford-Nueva York, Oxford University Press, 1969.

Croce, Benedetto (1913), *Breviario de estética*, Buenos Aires, Espasa-Calpe ("Austral", 41), 1938.

Cuenca, Luis Alberto de (1999), *Los mundos y los días. Poesía 1972-1998*, Madrid, Visor ("Visor Poesía", 399), p. 171.

Dadson, Trevor J. y Derek W. Flitter (eds.) (2000), *Voces subversivas: Poesía bajo el régimen (1939-1975)*, Birmingham, University of Birmingham, 2000.

Damisch, Hubert (1992), *El juicio de Paris*, México, Siglo XXI, 1996.

Delgado, Agustín (1975), "La presencia de Hölderlin en 'Invocaciones'", en *La poética de Luis Cernuda*, Madrid, Editora Nacional, 1975.

Eckermann, Jean-Paul (1994), *Converses amb Goethe* (trad. J. Bofill i Ferro), Barcelona, Columna, 1994.

Eliot, T.S. (1920), *The sacred wood. Essays on poetry & criticism*, Londres, Methuen ("University paperbacks", 11), 1960.

____(1939), *Función de la crítica, función de la poesía* (trad. J. Gil de Biedma), Barcelona, Tusquets, 1999.

____(1957), *Sobre la poesía y los poetas*, Buenos Aires, Sur, 1959.

____(1965), *Criticar al crítico y otros escritos*, Madrid, Alianza Editorial ("El libro de bolsillo", 65), 1967.

____(1969), *The complete poems and plays*, Londres, Faber & Faber, 1969.

____(1978), *Poesías reunidas (1901-1962)* (trad. J. M. Valverde), Madrid, Alianza Editorial ("Alianza Tres", 40), 1993.

Ferraté, Juan (1968/1982), *Dinámica de la poesía. Ensayos de explicación 1952-1966*, Barcelona, Seix Barral ("Biblioteca Breve"), 1982.

Ferrater, Gabriel (1960), *Da nuces pueris*, Barcelona, Empúries ("El ventall de poesía"), 1987.

____(1965-1967), *Conferències de literatura catalana*, Universitat de Barcelona (inédito).

____(1968), *Les dones i els dies*, Barcelona, Edicions 62 ("Molc", 21), 1989.

____(1970), *Mujeres y días*, Barcelona, Seix Barral ("Biblioteca Breve", 446), 1979.

____(1979), *Sobre literatura*, Barcelona, Edicions 69 ("Cara i creu", 26), 1979.

____(1979a), *La poesia de Carles Riba*, Barcelona, Edicions 62 ("L'escorpí", 39), 1979.

____(1981), *Sobre pintura*, Barcelona, Seix Barral ("Biblioteca Breve", 477).

____(1986), *Papers, cartes, paraules*, Barcelona, Quaderns Crema, 1986.

____(1987), *Foix i el seu temps*, Barcelona, Quaderns crema, 1987, p. 49.

____(1988), *Poema inacabado* (trad. J. Margarit y P. Rovira), Madrid, Alianza Editorial/Enciclopèdia Catalana ("Biblioteca de Cultura Catalana", 19), 1988.

____(1994), *Escritores en tres lenguas*, Barcelona, Antártida/Empúries ("La caja de Pandora", 4), 1994.

____(1995), *Cartes a l'Helena*, Barcelona, Empúries, 1995, p. 98.

____(2000), *Noticias de libros*, Barcelona, Península, 2000, p. 149.

Friedich, Caspar David (1830), "La voz interior...", en Javier Arnaldo (ed.) (1987), *Fragmentos para una teoría romántica del arte*, Madrid, Tecnos ("Metrópolis"), 1994.

García Montero, Luis (1994), *Además*, Madrid, Hiperión ("Poesía", 229), 1994.

____(1994a), *Habitaciones separadas*, Madrid, Visor, 1998.

____(1998), *Completamente viernes*, Barcelona, Tusquets, 1999.

Gil de Biedma, Jaime (1959), *Compañeros de viaje*, Barcelona, Joaquín Horta Editor ("Fe de vida", 3), 1959.

____(1965), "Poética" en Leopoldo de Luis (1965), *Poesía social española contemporánea. Antología (1939-1968)*, Madrid, Ediciones Júcar ("Los poetas", 39-40), 1982.

____(1974), *Diario del artista seriamente enfermo*, Barcelona, Lumen ("Palabra Menor", 29).

——(1980/1994), *El pie de la letra,* Barcelona, Crítica, 1994.
——(1975/1982), *La personas del verbo,* Barcelona, Seix Barral ("Biblioteca Breve"), 1992.
——(2002), *Conversaciones* (ed. J. Pérez Escohotado), Barcelona, El Aleph Editores ("Personalia de El Aleph", 27), 2002.
González, Ángel (1982), *Poemas,* Madrid, Cátedra, 1982.
——(1986), *Palabra sobre palabra,* Barcelona, Seix Barral, 1986.
Goytisolo, José Agustín (1977), *Taller de arquitectura,* Barcelona, Lumen ("El bardo", 113), 1977.
Gullón, Ricardo (1970), *Una poética para Antonio Machado,* Madrid, Editorial Gredos, 1970.
Hardy, Thomas (1895), *Jude, el oscuro,* Barcelona, Alba Editorial.
Harris, Derek (ed.) (1977), *Luis Cernuda,* Madrid, Taurus, 1977.
——(1992), *La poesía de Luis Cernuda,* Granada, Universidad de Granada, 1992.
Hayward, John (ed.) (1964), *The Oxford book of nineteenth century English verse,* Oxford, Clarendon Press, 1970.
Hofmannsthal, Hugo von (1998), *Instantes griegos y otros sueños,* Valladolid, Cuatro Ediciones, 1998.
Hölderlin, Friedrich (1974), *Poemas* (trad. L. Cernuda), Madrid, Visor, 1996.
James, Warren A. (ed.) (1987), *Ricardo Bofill. Taller de arquitectura. Edificios y proyectos 1960-1985,* Barcelona, Gustavo Gili, 1987.
Julià, Jordi (1999), *Al marge dels versos. Estudis sobre la forma i la percepció poètiques,* Barcelona, Publicacions de l'Abadia de Montserrat ("Biblioteca Serra d'Or", 129), 1999.
——(2002), *Un segle de lectura. Assaigs de literatura contemporània i el seu estudi,* Barcelona, Edicions 62 ("A l'abast", 376), 2002.
——(2002a), *La perspectiva contemporánea. Ensayos de teoría de la literatura y literatura comparada,* Santiago de Compostela, Universidad de Santiago de Compostela, 2002.
——(2004), *El poeta sense qualitats,* Tarragona, Edicions El Mèdol ("Fòrum", 34), 2004.
——(2004a), *La crítica de Gabriel Ferrater,* Lleida, Pagès Editors ("Argent Viu", 70), 2004.
Kleist, Heinrich von (1810), "Carta de un joven poeta a un joven pintor", en Javier Arnaldo (ed.) (1987), *op. cit.*
Langbaum, Robert (1957), *La poesía de la experiencia,* Granada, Comares ("De guante blanco"), 1996.
Langer, Susanne K. (1953), *Feeling and form. A theory of art,* Nueva York, Charles Scribner's Sons ("The Scribner Library", 122), 1953.
Letrán, Javier (2000), "*Aquellos maravillosos años*: imágenes de la guerra y la posguerra en la poesía de Jaime Gil de Biedma", en Trevor J. Dadson y Derek W. Flitter (eds.) (2000), *op. cit.*
Lichtenberg, Georg Christoph (1968/1971), *Aforismos,* Barcelona, Edhasa, 1990.
Luis, Leopoldo de (1965), *Poesía social española contemporánea. Antología (1939-1968),* Madrid, Ediciones Júcar ("Los poetas", 39-40), 1982.

Machado, Antonio (1936), *Juan de Mairena. Sentencias, donaires, apuntes y recuerdos de un profesor apócrifo* (ed. J. M. Valverde), Madrid, Editorial Castalia ("Clásicos", 42), 1971.

——(1989), *Obras completas* (ed. O. Macrì), Madrid, Espasa Calpe y Fundación Antonio Machado ("Clásicos Castellanos", 12), 1989, vols. 1-2.

Machado, Manuel (1977), *Antología poética,* Madrid, Emesa ("Novelas y cuentos", 190), 1977.

Macià, Xavier y Núria Perpinyà, *La poesia de Gabriel Ferrater,* Barcelona, Edicions 62, 1986.

McKinlay, Neil C. (1999), *The poetry of Luis Cernuda. Order in a world of chaos,* Londres, Tamesis, 1999.

Mainer, José-Carlos (1998), "Sobre el canon de la literatura española del siglo xx", en Enric Sullà (ed.) (1998), *El canon literario,* Madrid, Arco Libros, 1998.

Makarik, Irena R. (1993), *Encyclopaedia of contemporary literary theory,* Toronto University Press, 1993.

Margarit, Joan y Pere Rovira (1999), *Paraula de jazz,* Lleida, Institut d'Estudis Ilerdencs-Diputació de Lleida, 1999.

Maristany, Luis (1970), *Luis Cernuda. La realidad y el deseo,* Barcelona, Laia, 1970.

Mathiessen, F.O. (1952), *The responsabilities of the critic,* Nueva York, Oxford University Press, 1952.

Moore, Thomas (1964), "Believe me, if all those Endearing Young Charms", en John Hayward (ed.) (1964), *The Oxford Book of Nineteenth Century English Verse,* Oxford, Claredon Press, 1970.

Nemerov, Howard (ed.) (1966), "Algunas respuestas a las preguntas de Howard Nemerov, por Marianne Moore", en *La poesía y los poetas,* Buenos Aires, Editorial Hobbs-Sudamericana, 1973.

Neruda, Pablo (1981), *Antología poética* (ed. H. Loyola), Madrid, Alianza Editorial, 198, vol. 1.

Oller, Dolors (1986), *La construcció del sentit,* Barcelona, Empúries, 1986.

Oller, Dolors y Jaume Subirana (eds.) (2001), *Gabriel Ferrater, "in memoriam",* Barcelona, Proa, 2001.

Ortega y Gasset, José (1983), *Obras completas,* Madrid, Alianza Editorial, 1993, vol. 2.

——(1987), *La deshumanización del arte y otros ensayos de estética,* Madrid, Espasa Calpe ("Austral", 13), 1993.

Pavese, Cesare (1952-1979), *El oficio de vivir. El oficio de poeta. Narrativa completa,* Barcelona, Bruguera ("El libro amigo", 1502/768), 1981, vol. 1.

Paz, Octavio (1973), *El signo y el garabato,* México, Joaquín Mortiz, 1973.

——(1977), "La palabra edificante" (1964), en Derek Harris (ed.) (1977), *op. cit.*

Pena, Pere (1997), "La poesía, el poeta y la ciudad", en José Agustín Goytisolo (1997), *Poeta en Barcelona* (ed. P. Pena), Editorial Lumen ("El Bardo", 48), 1997.

Pessoa, Fernando (2001), *Un corazón de nadie. Antología poética (1913-1935),* Barcelona, Círculo de Lectores ("Galaxia Gutenberg"), 2001.

Pla, Josep (1979), *Notes del capvesprol (Obra completa, 35)*, Barcelona, Destino, 1993.

Poe, Edgar Allan (1956/1973), *Ensayos y críticas* (trad. J. Cortázar), Madrid, Alianza Editorial ("El libro de bolsillo-literatura", 464), 1987.

Pozuelo Yvancos, José M. (1995), *El canon en la teoría literaria contemporánea*, Valencia, Episteme ("Eutopías", 108), 1996.

——(2000), "Teoría del canon", en José M. Pozuelo Yvancos y Rosa María Aradra Sánchez (2000), *Teoría del canon y literatura española*, Madrid, Cátedra, 2000.

Preminger, Alex y T.V.F. Brogan (1993), *The new Princeton encyclopaedia of poetry and poetics*, Princeton University Press, 1993.

Real Academia Española (1992), *Diccionario de la lengua española*, Madrid, Espasa Calpe, 1992, vol. 1.

Reyes, Alfonso (1986), *La experiencia literaria. Ensayos sobre experiencia, exégesis y teoría de la literatura*, Barcelona, Editorial Bruguera, 1986.

Riba, Carles (1967), *Obres Completes. Assaigs crítics*, Barcelona, Edicions 62, 1967, vol. 2.

——(1984), *Sobre la poesia i sobre la meva poesia* (ed. E. Sullà), Barcelona, Empúries, 1984.

Richards, I.A. (1924/1926), *Principles of literary criticism*, Londres, Routledge & Keagan Paul, 1960.

——(1928), *Fundamentos de crítica literaria*, Buenos Aires, Huemul, 1976.

——(1929), *Crítica práctica*, Madrid, Visor ("Debate crítico", 7), 1991, p. 192.

Riera, Carme (1988), *La escuela de Barcelona. Barral, Gil de Biedma y Goytisolo: el núcleo poético de la generación de los 50*, Barcelona, Anagrama, 1988.

——(1991), *Hay veneno y jazmín en tu tinta. Aproximación a la poesía de J.A. Goytisolo*, Barcelona, Editorial Anthropos, 1991.

Rovira, Pere (1996), *La vida en plural*, Barcelona, Columna, 1996.

——(2001), *Para qué sirve la sed*, Lucena, Ayuntamiento de Lucena, 2001.

Sainte-Beuve, Charles-Augustin (1850), "Qu'est-ce qu'un classique", *Causeries du lundi*, París, 1850.

Silver, Philip (1977), "Cernuda, poeta ontológico" (1975), en Derek Harris (ed.) (1977), *op. cit.*

Sòria, Enric (1991), *Mentre parlem. Fragments d'un diari iniciàtic (1979-1984)*, Barcelona, Edicions 62, 1991.

Talens, Jenaro (1974), "Prólogo" a Friedrich Hölderlin (1974), *Poemas* (trad. L. Cernuda), Madrid, Visor, 1996.

Tinianov, Iuri (1965), "Sobre la evolución literaria" (1927), en Tzvetan Todorov (ed.) (1965), *Teoría de la literatura. Textos de los formalistas rusos*, México, Siglo XXI, 2002.

Todorov, Tzvetan (1987), "Sobre el conocimiento semiótico" (1983), en M.A. Garrido Gallardo (ed.), *La crisis de la literariedad*, Madrid, Taurus, 1987.

Todorov, Tzvetan (ed.) (1965), *Teoría de la literatura. Textos de los formalistas rusos*, México, Siglo XXI, 2002.

Torres, Màrius (1947), *Poesies*, Barcelona, Ajuntament de Lleida/PAM, 1992.

Utrera Torremocha, María Victoria (1994), *Luis Cernuda: una poética entre la realidad y el deseo,* Sevilla, Diputación de Sevilla, 1994.

Valéry, Paul (1960), *Œuvres,* París, Bibliothèque de la Pléiade, 1960, vol. II.

Valverde, José M. (ed.) (1989), *Poetas románticos ingleses. Byron, Shelley, Keats, Coleridge, Wordsworth* (trad. J.M. Valverde y L. Panero), Barcelona, Planeta, 1989.

Villarroel de Ancos, J. (1985), "Fábrica", en Serge Salaün (1985), *La poesía de guerra de España,* Madrid, Castalia, 1985.

Virallonga, Jordi (1992), *José Agustín Goytisolo. Vida y obra,* Madrid, Libertarias/ Prodhufi, 1992.

Wellek, René (1955), *Historia de la crítica moderna (1750-1950). El romanticismo,* Madrid, Editorial Gredos ("Biblioteca Románica Hispánica"), 1962, vol. 2.

——(1986), *Historia de la crítica moderna (1750-1950). Crítica inglesa (1900-1950),* Madrid, Editorial Gredos ("Biblioteca Románica Hispánica"), 1988, vol. 5.

Wilde, Oscar (1946), *El crítico como artista. Ensayos,* Madrid, Espasa-Calpe ("Austral", 629), 1968.

——(1961), *Selected writings,* Londres, Chancelor Press ("Oxford World's Classics"), 1985.

——(1989), *Un marido ideal. La importancia de llamarse Ernesto,* Barcelona, Planeta ("Clásicos Universales Planeta", 174), 1989.

Woolf, Virginia (1953), *Diario de una escritora,* Barcelona, Lumen, 1981.

——(1977), *La torre inclinada y otros ensayos,* Barcelona, Lumen ("Palabra en el tiempo", 129), 1980.

Wordsworth, Dorothy (1962/1993), *The Grasmere journals* (24/XI/1801), en M.H. Abrams (ed.) (1962/1993), *op. cit.*

Wordsworth, William (1994), *The works of William Wordsworth,* Cumberland House, Wordsworth Editions ("The Wordsworth Poetry Library"), 1994.

ÍNDICE ONOMÁSTICO

ÍNDICE

formación: gabriela parada valdés
tipografía: itc new baskerville 10/12.5
impreso en programas educativos, s.a.
calz. chabacano núm. 65, local a
col. asturias, 06850, méxico, d.f.
8 de noviembre de 2004

www.ingramcontent.com/pod-product-compliance
Ingram Content Group UK Ltd.
Pitfield, Milton Keynes, MK11 3LW, UK
UKHW040006200726
13854UKWH00001B/71